Bajo el signo de la esvástica

Manuel Chaves Nogales

Bajo el signo de la esvástica

[Cómo se vive en los países de régimen fascista]

Edición del texto
María Isabel Cintas Guillén

5ª EDICIÓN

ALMUZARA

Primera edición en Almuzara: abril de 2012
Tercera reimpresión: agosto de 2020
Cuarta reimpresión: febrero de 2026

Editorial Almuzara • Historia
Editor: David González Romero
Maquetación y corrección: Deculturas, S. Coop. And.

www.editorialalmuzara.com
pedidos@almuzaralibros.com - info@almuzaralibros.com
@AlmuzaraLibros

Editorial Almuzara
Parque Logístico de Córdoba. Ctra. Palma del Río, km 4
C/8, Nave L2, nº 3. 14005, Córdoba

Impresión: Liber Digital
I.S.B.N: 978-84-15338-61-1
Depósito Legal: Co-308-2012

Hecho e impreso en España - *Made and printed in Spain*

Nota del editor

En los mismos días en que Hitler accedía definitivamente al poder, en enero de 1933, se estaba produciendo en España una auténtica tentativa revolucionaria con levantamientos anarco-sindicalistas diseminados por toda España y cuyo impacto principal estuvo localizado en los terribles sucesos de Casas Viejas. En la localidad sevillana de La Rinconada llega a establecerse por cinco días el comunismo libertario. Pasaban meses nada más de la tentativa de golpe de estado del general Sanjurjo y se recordaba todavía la represión obrera indiscriminada en el parque de María Luisa de Sevilla. Sabemos que Manuel Chaves Nogales cubrió, a veces indirectamente, estos sucesos cercanos a su localidad natal por el monumental trabajo de María Isabel Cintas Guillén (por cuya edición de su Obra periodística, *editada por Diputación de Sevilla en 2001, guíamos el presente libro).*

Poco después, ya en primavera, Chaves Nogales se marcha a Alemania para describir cómo se vive bajo el nuevo régimen fascista nazi. Y el periodista lleva bien presentes en su cabeza las tribulaciones de la república española. Eso se desprende de la conferencia que impartirá a posteriori en Sevilla, ya en junio de 1933, titulada «Cómo se acaba con una República. Del comunismo ruso al fascismo alemán», y de la que damos cuenta informativa en apéndices III y IV de la presente edición. Previamente a su intervención, el propio Chaves anticipa en una entrevista que tiene «gran interés aleccionador el saber cómo se provocan y cómo se desenvuelven los regímenes dictatoriales».

A Chaves Nogales, que se definía como un pequeño burgués liberal, hoy se le reconoce su equidistancia y ponderación a la hora de valorar, en su mismo origen y sin perspectiva histórica, cualquiera de las soluciones totalitarias que estaban en liza en esos años. Gran conocedor de la revolución bolchevique y sus derivaciones, que glosó de forma amplia en varios de sus libros, también fijó su mirada en la «solución» fascista, especialmente en el gran reportaje que ahora presentamos.

Realizado para su periódico, Ahora, *en más de una decena de entregas publicadas en mayo de 1933, el marbete general con que se anunciaba la serie de piezas (véase apéndice II) rezaba «Cómo se vive en los países de régimen fascista» y añadía «Sesenta millones de alemanes bajo el signo de la svástica [sic] y cuarenta millones de italianos bajo el fascio de los lictores». De ahí el título general de esta edición.*

El foco en su conjunto es más bien sociológico, a pie de calle. Chaves Nogales y su periódico parecen más interesados en cómo el policía alemán ahora soportaba la compañía «informativa» de los camisas pardas, cómo los alemanes medios habían acabado entregados al nuevo régimen, cómo se maquinaba la «nueva» economía nacionalsocialista, cómo se aprovechaba el entusiasmo del niño nazi, cómo se arrinconaba dramáticamente al judío, anunciando su aniquilación, y cómo se habían armado los campos de trabajo para disidentes políticos y «raciales», advirtiendo del futuro oscuro de estos recintos.

Quizás por una lectura anacrónica de su obra, pero también por la lucidez retrospectiva de sus escritos, volvemos a detectar en este texto una preocupación radical del periodista por enseñar a los españoles el momento de peligro que realmente estaba acechando entre tantas tentativas totalitarias. Volvemos a sentir el presagio de su clarividencia, incluso en la entrevista que mantiene con el ministro Goebbels (véase apéndice I), cuando el gerifalte nazi, interrogado por España, le dice que no cree en la exportación de los modelos fascistas y que cada país europeo encontrará su «nueva forma».

Volvemos a recibir en estas páginas toda una lección de lucidez intelectual y maestría periodística.

Bajo el signo de la esvástica

Cómo se vive en los países de régimen fascista

Alemania bajo el poder de Hitler

(De nuestro enviado especial en Alemania)

Todavía en las trincheras

En Metz no había nadie que supiera por dónde se va a Alemania; en las librerías no se venden mapas alemanes ni en los cruces de las carreteras hay postes indicadores; tuve la impresión de que la palabra Alemania jamás se había pronunciado allí y hubo un momento en el que llegué a temer formalmente que en los arrabales de Metz el mundo terminase súbitamente en una tajante cortadura.

Unos kilómetros más allá casi no me atrevía a decirme a mí mismo que venía de Francia. ¿Francia? Ya parecía una palabra extraña y sospechosa. Había pasado en unos minutos sin advertir el tránsito, sin topar siquiera con esas dos castitas gemelas, colocadas a cien metros una de otra, en las que los aduaneros, uniformados con distintos colores, las banderas diferentes, los cambistas, igualmente ladrones, y los policías, análogamente descorteses, imponen al viajero el gran convencionalismo de las fronteras.

Porque entraba en Alemania por la frontera del Sarre y Francia tiene la puerilidad de no haber puesto allí su aduana, acaso pensando que así, sin solución de continuidad, el Sarre iría acostumbrándose a la idea de ser francés. Pero precisamente por eso, acaso porque no hay señales claras y terminantes de que un país acabe y otro empiece la continuidad de unos hombres que creen ser franceses y otros que creen ser alemanes han forjado una línea divisoria abisal, espantosa, inhumana. No creo que en ninguna parte del mundo haya una división tan hondamente marcada entre unos hombres y otros como la que se advierte en los veintiocho kilómetros de carretera que separa Saint Avoid de Forbach; Francia de Alemania. Cada cual en su trinchera y las dos inexpugnables. Como hace quince años.

El *camisa parda*, descamisado

Colocado el territorio del Sarre bajo el control de la Sociedad de Naciones, en virtud del Tratado de Versalles y gobernado por un consejo formado por un delegado francés, otro nativo del país y tres extranjeros, se ha desarrollado allí un furioso nacionalismo alemán, como reacción contra el intento francés de desgermanización. No necesitamos esperar al plebiscito que, cándidamente, proyectaron los franceses para 1935, si queremos saber cuál es la voluntad de los ochocientos mil habitantes del Sarre. Basta entrar por Saarbrücken, recorrer dos calles, meterse en una cervecería. Más furiosos nacionalistas que los del Sarre no creo que los haya en toda Alemania.

—¿Y los *nazis*? ¿Aquí, donde el nacionalismo está tan en carne viva, habrá muchos *nazis*?—he preguntado.

—No; Francia no los consiente. Pero a falta de *nazis*, aparatosos, con camisas pardas y atalajes guerreros, nos contentamos con sencillos y descamisados deportistas.

—¿Deportistas?

—Sí; un *nazi*, cuando se quita la camisa parda, se convierte en un joven deportista y una patrulla de *nazis* puede parecer muy bien un equipo de fútbol o un grupo de montañeros. Tenga usted en cuenta que lo característico del *nazi*, lo que le distingue de todos los demás militantes políticos, es que el *nazi* no tiene barriga; es un hombre joven, fuerte, sano, que practica el deporte y que hasta ahora ha comido poco.

El territorio del Sarre lo cruzan a distancia estos grupos de jóvenes deportistas, que vienen de Alemania con el pecho al aire y el puño sobre sus ferrados bastones de alpinista. Alguna vez la Policía ha descubierto que entre estos jóvenes descamisados había uno que traía liada a la cintura una bandera roja con la cruz gamada en el centro; alguna vez se ha dicho también que un maestro de escuela había sido apaleado...

De momento sólo se trata de deportistas descamisados. Así, pues, los primeros *camisa parda* que he visto, no la llevaban. Algún día se la pondrán, sin embargo, y pasarán la frontera. Ese día mis oraciones y mis pensamientos, todos, serán para un pobre gendarme catalán —de Perpiñán, precisamente— que allá en el confín del Sarre representa dignamente a Francia sentado a la puerta de una barraquita, que dice: «Douane Française».

El *schupo* y el *nazi*

De mañanita, las calles de esta vieja ciudad del Palatinado están casi desiertas. Sólo se ven a esta hora temprana parejas o grupos de estudiantes, que van a sus clases. Más hembras que varones. Ellas, con sus gorritas de viseras encasquetadas sobre las rubias trenzas germánicas. Kaiserlautern es una típica ciudad académica de gustos tradicionales.

Desde la ventana de mi cuarto de hotel estoy hace ya largo rato viendo pasear con aire solemne, calle arriba, calle abajo, a un imponente *schupo*, con su guerrera bien entallada y su casco puntiagudo. A su costado, guardando cuidadosamente la distancia, va un *nazi*, de altas botas claveteadas, camisa parda y pistola al cinto. Paso a paso, sin cambiar palabra, el *schupo* y su sombra parda llegan por el centro del arroyo hasta el límite de la demarcación, giran lentos y ceremoniosos y vuelven a recorrer la calle. Así una vez y otra durante todas las horas de servicio. ¿Qué hacen juntos el policía y el *nazi*? Nosotros, españoles, es difícil que lo comprendamos. El *schupo* es el guardia y todo el mundo sabe qué es lo que tiene que hacer un guardia. ¿Pero y el otro? ¡Ah, el otro! El otro responde a un problema nuevo, un problema que se planteó Hitler antes de tomar el Poder y que ha resuelto con la aparición de este doble del *schupo*. ¿Quién guarda a los guardias?

Imaginemos que el 14 de abril, cuando los republicanos españoles entraron en Gobernación y unas docenas de ellos dijeron que se habían puesto a gobernar se hubiesen planteado este problema que Hitler ha visto con tanta lucidez y no contentos con que los guardias hubiesen hecho acto de acatamiento a la República a cada guardia le hubiesen puesto un guardián: un joven republicano sin trabajo; uno de aquellos voluntarios del brazal rojo, que nosotros utilizamos sólo durante unas semanas para que guardasen los árboles de la Casa de Campo, y que después licenciamos por superfluos, diciéndoles: «Gracias por vuestro auxilio, camaradas; id ahora a seguir vuestro destino de obreros parados, de mendigos, de pistoleros, o de albiñanistas, si os place».

Si hubiéramos hecho lo que Hitler, a estas horas: primero, hubiéramos reducido considerablemente el número de parados, por lo menos de parados republicanos, porque este doble del guardia —¡qué duda cabe!— cobra también; segundo, habríamos simplificado la función del guardia porque así serían dos a repartirse el trabajo de mantener el orden y según el procedimiento español es uno solo y, en cambio, el otro, como no tiene nada que hacer más importante, acaso sea de los que se dedican a perturbarlo; tercero, no existiría nunca el temor de que el guardia no fuese bastante republicano. Tuve la impresión de que en aquella calle de Kaiserlautern el *schupo* y su sombra, al pasear de arriba abajo, estaban haciendo brillantes oposiciones de gubernamentalismo.

Porque si el *nazi* es *nazi* más *nazi* es el *schupo*. Basta pensar que esta duplicidad no puede ser definitiva y que a la larga será *schupo* en propiedad el más *nazi* de los dos. ¿Está claro?

Ahora bien: ¿quién tiene razón? ¿Hitler? ¿Los republicanos españoles?

¡Jude! ¡Jude!

Esto salta a la vista. Frente a cada comercio marcado con la palabra infamante *¡Jude!* —he llegado a Alemania pocos días después del boicot— hay una tiendecita pobre, con menos luz en el escaparate, los géneros un poco desteñidos y los precios un poco más altos. Esta tiendecita que no vende es de un ario puro, raza noble de héroes y ascetas que, por lo visto, no saben comprar y vender.

Antes, el ario puro, convencido de su incapacidad para este menester, dejaba libre al judío el campo del comercio y se iba a arar la tierra o a barrer las calles a sueldo, metido en un impresionante uniforme. Pero cada vez hay menos uniformes de barrendero municipal y menos tierras que labrar y el ario puro, cuando se pone a hacer la competencia al judío con su pobre tiendecita cubierta de polvo y visitada sólo por las moscas, está perdido. Hitler ha venido a resolver a favor de este ario puro el problema de la competencia comercial, que él, por sí solo, era incapaz de salvar. Hitler ha dado al ario puro que no vende un talismán maravilloso para que su tiendecita se llene de clientes capaces de cargar con géneros manidos. Este talismán es la cruz gamada, la svástica de los arios.

Todo consumido alemán debe comprar en esas tiendas que tienen el talismán de la svástica en el escaparate. De momento, el ario puro está encantado. ¿Puede dudar alguien de que todo hombre que tiene una tiendecita en Alemania y no es judío adora a Hitler?

—Sí —arguyo—; pero ¿y los judíos? ¿No serán adversarios de Hitler? ¿No pueden convertirse en un temible adversario?

Mi interlocutor ha sonreído.

—Cuando vea usted en un comercio de Alemania unas banderas hitlerianas descomunales, cuando vea usted una excesiva iconografía hitleriana en los escaparates, desconfíe usted y murmure por lo bajo con nosotros: *¡Jude! ¡Jude!* Pocas veces se equivocará.

Por ahí es por donde le fallará el truco al ario de la tiendecita. El judío que no se ha puesto ya la cruz gamada sobre el pecho es porque aún no se le ha presentado la ocasión. Pero ya se le presentará. Aun en estos momentos de desesperación confía en Jehová y en las virtudes de los arios que tan profundamente admira.

Los maestros de artes y oficios

El *Gasthof* alemán es una entidad sin par en España. Viene a ser como la vieja hospedería española, nuestro desaparecido hostal, entre fonda y posada; taberna y casino al mismo tiempo. Lo más importante del *Gasthof* es que la vida de relación, la política y la sociología de las pequeñas ciudades alemanas se hace tradicionalmente en su ámbito, como en otro tiempo fueron en España las tertulias de las reboticas las que forjaban eso que llamamos opinión. Tiene el *Gasthof* alemán más ambiente casero y familiar que nuestro café y más dignidad que nuestra taberna. Viejos y grandes muebles de ricas maderas; un gato arisco o un perro grande y quieto; un reloj de recio tic tac; un buen fuego, y un acertado punto para la presión y la temperatura de la cerveza.

Los clientes del *Gasthof*, pocos siempre, son todos conocidos y respetados en la localidad. Clase media tradicionalista y bien enraizada; gente seria que se mueve con pies de plomo y que sabe lo que quiere. El mayor contingente de parroquianos del *Gasthof* lo dan los maestros de las artes y los oficios; el origen gremial, medieval de la Alemania de hoy, se ve más claramente que en ningún otro sitio en este rincón del *Gasthof* provinciano, donde el maestro de retórica, el maestro de mecánica, el maestro de telar y el maestro de gimnasia juegan sosegadamente a la baraja y riegan su cena sobria y fría con grandes vasos de cerveza fortalecida con buchadas de *Kirsch*.

Lentamente, muy lentamente, por una sedimentación casi tan lenta como las del reino mineral, va formándose entre los parroquianos del *Gasthof*, mientras el dueño espuma la cerveza y fuma en silencio su gran puro alemán de papelón torcido, ese estado de conciencia individual que después el mundo llama «la actitud de Alemania». Son estos hombres prudentes, lentos, pesados, que se pasan años y años rumiando las novedades que la vida les tira sobre la mesa del *Gasthof* —guerra, derrota, inflación, comunismo, crisis, paro— los que en definitiva dan esa fuerza formidable a la acción alemana.

Pues bien; los hombres del *Gasthof*, todos, absolutamente todos, están hoy con Adolfo Hitler. Han llegado a esta conclusión después de un largo proceso, pero hoy su resolución es definitiva. Sería estúpido equivocarse. No hay más que Adolfo Hitler. Antes de que los hombres del *Gasthof* se decidieran por él, pudo Hitler tener trescientas mil camisas pardas y pudo haber en Alemania —como indudablemente ha habido— trescientos agitadores del tipo de Hitler. Nada tendría importancia. Lo que la ha tenido decisiva para los destinos del pueblo alemán y del Mundo es que estos hombres del *Gasthof*, estos maestros de artes y oficios de las pequeñas ciudades alemanas, hayan llegado a la conclusión de que hay que jugar la carta de Hitler. La jugarán a todo evento. Tengo la convicción de que ya hoy no esperan más que el momento en que Hitler les mande la papeleta de movilización.

En Kaiserlautern yo he visto a estos graves hombres —hombres que han hecho la guerra ellos mismos—

precipitarse con el brazo levantado hacia las ventanas del *Gasthof* porque en el silencio de la noche avanzaba un cortejo de *nazis*, que tras las llamaradas de sus antorchas y el redoble de sus tambores arrastraban a una masa de adolescentes, niños casi, que iban marcando el paso con las mandíbulas apretadas y los ojos encendidos.

—¿Adónde van estos hombres? ¿Qué va a hacer Alemania? —he preguntado.

—La guerra; Alemania va a hacer la guerra —me han contestado unánimemente.

(*Ahora*. Madrid, 14-5-1933)

Antes de tres años otra vez la guerra

¿Qué por qué este juicio temerario de que Alemania hará la guerra? ¿Qué por qué va a surgir la guerra antes de tres años?

Como no tiene ningún valor el hecho de que un periodista crea que va a producirse una guerra ni tiene importancia alguna el que este periodista se dedique a sensacionales profecías, no he considerado demasiado imprudente estampar estas impresionantes afirmaciones, que espero tengan la virtud de despertar la atención del público español hacia un estado de conciencia que indiscutiblemente existe hoy en toda Europa y cuya expresión gráfica, terminante, son estas dos terribles conclusiones: guerra; antes de tres años.

Ocurrirá así o no ocurrirá; pero en la órbita de las preocupaciones mundiales están presentes, con dolorosa presencia, estas afirmaciones que a nosotros —desde nuestro limbo nacional— se nos antojan perfectamente gratuitas. Ya sé que para admitir esta hipótesis catastrófica, el ciudadano de la República española, al que sólo llegan ecos del Mundo envueltos en el algodón de los discursos pacifistas de Ginebra, tiene que someter a revisión sus ideas fundamentales sobre muchas cosas. Pero tal es la única finalidad de estas impresiones de viaje.

Para usted, lector germanófilo —porque el solo hecho de plantear estos problemas es volver a dividir a España en aliadófilos y germanófilos—, esta afirmación de que Alemania va a desencadenar una nueva guerra es una infamia inventada contra el pueblo alemán por sus enemigos. Por muy germanófilo que un español sea, nunca se identificará tan absolutamente con el pensamiento germano que pueda aceptar ciertos postulados que hoy son moneda corriente en Alemania, y que un latino, por grande que sea su simpatía hacia el pueblo alemán, tiene que parecerle hasta tal extremo monstruosos que los atribuye no a Alemania misma, sino a la mala voluntad de sus enemigos, que los interpretan torcidamente.

Piénsese, pues, que cuando se dice que Alemania quiere la guerra, no es esto una imputación injuriosa que se le hace, sino el reconocimiento de una aspiración nacional que ha llevado al Poder al partido político que más garantías ha dado al pueblo alemán de satisfacerla. Si Adolfo Hitler está gobernando hoy en Alemania, es porque lleva doce años predicando la guerra. Su triunfo lo debe más que nada a haberse colocado abiertamente contra los pacifistas. «¡Exterminemos a los pacifistas!». Este es su grito de combate. Si los *nazis* se dedican hoy al deporte de cazar como a ratas a los judíos y a los socialistas, es esencialmente porque los judíos y los socialistas son pacifistas. Esta palabra de «pacifista» es el mayor insulto que se puede dirigir en estos días a un ciudadano alemán. Yo quisiera que el que lo dudase pudiese hacer la prueba en una calle de Berlín.

Así, pues, para comprender la situación de Alemania

hay que partir de unos supuestos comunes que ya nadie se atreve a discutir de buena fe, ni siquiera los mismos alemanes: el de que Alemania quiere la guerra; el de que la hará en cuanto pueda; el de que podrá hacerla muy pronto.

CÓMO PIENSA EL ALEMÁN MEDIO

A los quince días de estar en Alemania se oye hablar así y no se escandaliza uno:[1]

—No tenemos más remedio que hacer la guerra, y el único hombre capaz de llevarnos a ella es Adolfo Hitler. Sólo por esto cuenta Hitler con la adhesión inquebrantable de sesenta millones de alemanes. El programa que se ha trazado el partido nacionalsocialista satisface plenamente las aspiraciones del pueblo alemán. Primero acabará con los pacifistas del interior; tenemos que exterminarlos para quedarnos con las manos libres y poder emprender con éxito una política de alianzas exteriores que ha de ser el preludio de la guerra contra el enemigo exterior. Nuestra guerra es una guerra de independencia, porque Alemania recaba para sí el mismo derecho que tienen todos los pueblos a regirse por sí mismos con plena libertad. En nombre de este

1. Todas las afirmaciones contenidas en esta conversación que he reconstruido con las frases más destacadas de las entrevistas que he celebrado en Alemania están confirmadas y avaladas con textos de la más pura ortodoxia nacionalista, principalmente en publicaciones de propaganda del partido, en el libro de Adolfo Hitler *Mein Kampf* y en sus discursos y artículos de teorizantes y líderes del nacionalsocialismo, tales como Goebbels, Rosenberg, Feder, Frick y otros.

derecho exigiremos la revisión de los tratados de Versalles y Saint Germain.

—Pero ustedes la libertad que piden es la libertad de prepararse y armarse para la guerra.

—Estamos en nuestro derecho. El Tratado de Versalles desarmó a Alemania como preludio de un desarme general de potencias. Sólo así lo aceptamos. Como las demás potencias no han desarmado, tenemos perfecto derecho a armarnos. Esto es lo que dirá en la Conferencia del Desarme el barón von Neurath, nuestro ministro de Negocios Extranjeros.

—Pero ustedes quieren armarse para hacer inmediatamente la guerra.

—Querremos armarnos porque es el único modo de defender nuestro territorio nacional y nuestra independencia. Nuestro destino histórico es la Gran Alemania, el Imperio. No renunciamos, ni hemos renunciado nunca, a un solo alemán de Alsacia, Lorena, Polonia, Austria o Checoslovaquia. Reconquistaremos los territorios perdidos en 1918, incluso contra la voluntad de sus habitantes si la independencia de la patria alemana y las necesidades de su poder político lo reclamasen. Es más; no tenemos por qué poner a nuestras aspiraciones el límite de las fronteras de 1914.

—Todo esto no se puede intentar más que por la guerra.

—Desde que Hitler ha subido al Poder, todas las energías espirituales de la nación se aplican a preparar la guerra de mañana. El pueblo alemán ha llegado al convencimiento de que la misión providencial que le está reservada no se puede cumplir más que con la espada en la mano; forjar esa espada es la única tarea del nacionalsocialismo en la política interior; proteger ese trabajo será toda nuestra política exterior.

—¿No les asusta a ustedes la guerra?

—La guerra crea cultura. El ciclo de Pericles fue el resultado de las guerras médicas; con las guerras púnicas cimentaron los romanos su cultura.

—¿Es decir, que Alemania se lanza a una guerra de conquista?

—No; Alemania tiene simplemente el deber de dar a la raza alemana las tierras que necesita para vivir. No queremos colonias. Los grandes estados coloniales semejan una pirámide apoyada en la punta. Hemos renunciado también a una política mundial de expansión industrial. Nos dedicaremos primero a la colonización interior: Hitler preconiza la vuelta al agrarismo. Pero llega un momento en que la colonización interior no puede progresar más y el país no puede estacionarse. Entonces habrá que buscar nuevas tierras para los alemanes. Las buscaremos por el este, realizando nuestra expansión a costa de nuestros vecinos de oriente, principalmente contra la Unión de Repúblicas Socialistas Soviéticas. No es humano que haya estados que tienen inmensos territorios en reserva mientras otros se ven condenados a las prácticas malthusianas. La Providencia no ha repartido las tierras de una vez y para siempre: no tenemos por qué respetar las fronteras trazadas siempre por el derecho del más fuerte. La Naturaleza ignora las fronteras políticas y en cambio concede el derecho a vivir a los pueblos más fuertes y trabajadores. Todavía hay en Europa territorios inexplotados que fatalmente serán del más fuerte, del que los tome por la fuerza, porque nadie los va a ceder de buen grado. La población alemana aumenta cada año en novecientas mil almas, y Alemania no puede ya dar de comer a todos los alemanes.

—Demos por justificada la necesidad de la expansión; descontando también que nadie va a ceder sus tierras de buen grado, y siendo así que Alemania está desarmada, mientras que todo el mundo refuerza sus armamentos, ¿cómo podrán ustedes emprender la lucha?

—Esto es lo que ha de hacer Hitler, esto es lo que se propone en su programa.

—No es tarea fácil.

—Lo primero ya está casi hecho: acabar con el enemigo interior, el pacifista. ¿Cree usted a los quince días de estar en Alemania que hay la más remota esperanza de que la socialdemocracia y los judíos levanten la cabeza?

—No; no me parece probable.

—Ahora conseguida la seguridad interior hay que desarrollar una política exterior favorable a nuestros propósitos. ¿Cómo? Ganando para nuestra causa a las potencias interesadas en que Francia no se alce con la hegemonía del Mundo: Italia e Inglaterra.

—¿Inglaterra también?

—Inglaterra ha de ser tarde o temprano nuestro asidero en el Mundo. Hitler ha predicado toda su vida que el gran error de Hohenzollern fue colocar a Alemania frente a Inglaterra. De aquí en adelante nuestra política exterior será anglófila. La expansión territorial alemana por el este no puede despertar recelos en Inglaterra, sino al contrario; será vista con simpatía, porque vamos a ser la fuerza de choque de Europa contra el bolchevismo.

—Pero también van ustedes contra Francia.

—Es cierto; con Francia no hay nada que hacer; la guerra únicamente; pero la política tradicional de

Inglaterra ha sido siempre impedir la supremacía absoluta de ninguna gran potencia, y esa supremacía es hoy por hoy de Francia. Cuando existió el peligro de que la conquistásemos nosotros, Inglaterra se nos puso en contra. Ahora el peligro que existe es el de Francia; Inglaterra lo impedirá poniéndose a nuestro lado. Para ganarnos la confianza de Inglaterra, nosotros renunciamos de antemano a toda aspiración colonial, a la política de expansión industrial que puede hacerle la competencia y a las posibilidades de crear una marina de guerra que despertase su desconfianza.

—¿Y no temen ustedes que el Mundo se vuelva otra vez contra Alemania aun reconociendo esa necesidad alemana de la expansión territorial? No basta para cometer un despojo decir: «Lo necesitamos».

—Es cierto; Alemania perdió la guerra porque se batió honradamente para conquistar su pan. Los alemanes no supimos revestir nuestras necesidades vitales de una envoltura ideal. No se muere ni se mata por los negocios. Hay que batirse, no por el pan, sino por un ideal. En 1914, los ingleses se batieron por el ideal de la libertad. Nosotros, cuando llegue nuestra hora, nos batiremos también por un ideal, un gran ideal religioso, místico: la Gran Alemania, que no es una mezquina concepción dictada por el egoísmo. Esto es precisamente lo que las doctrinas nacionalsocialistas han sabido dar al pueblo alemán: una definición exacta de la misión providencial que le está reservada.

—¿Cuál es esa misión providencial?

—La de salvar la raza aria; la de evitar que perezca la civilización occidental; la de impedir la invasión de Europa por los negros. Si Francia, país de escasa natalidad, continúa teniendo en sus manos la hegemonía de

Europa, terminará por convertir a Occidente, desde el Rhin hasta el Níger, en un gran imperio negro o mestizo. Su pobreza de sangre le obliga a tener que pedirla prestada a sus coloniales. Como se ve obligada a tener un ejército negro, tendrá que tener un arte negro y una política negra y una ciencia negra. Pero Alemania salvará Europa. Esta es nuestra misión providencial. Para cumplir este destino histórico pelearemos. Tarde o temprano, el Mundo se volverá contra Francia.

—¿Y cómo va Alemania a forjar su espada? ¿Cómo podrá rehacer su ejército?

—Postulamos la teoría de la nación en armas. Vamos a la supresión del ejército profesional y a la creación de un ejército nacional. Todos los alemanes tendrán derecho al servicio militar. La defensa de la patria corresponde a los ciudadanos todos, encuadrados por un cuerpo de oficiales de profesión, animados por un agudo sentimiento de casta.

—Esto es la militarización total del país.

—Exactamente. Nuestro ideal es el militarismo. Los latinos se asustan de esta afirmación porque son incapaces de concebir el militarismo como voluntad y como representación. No comprenden una actividad humana sin fin utilitario. No admiten que el germano sea militarista independientemente de que haga la guerra o no. Claro es que el militar hace la guerra cuando llega su hora, pero es que puede darse el caso de que el militarismo sea un fin en sí y no un medio, y este es el caso del pueblo alemán, cuyas virtudes esenciales se manifiestan dentro de la disciplina militar como en un clima favorable. Hemos llegado a la conclusión de que el único medio para construir un Estado *verdaderamente popular* en Alemania es el cuartel y que la disciplina es el camino que se ha de seguir para la forma genuina de la democracia; es decir, que el *servicio* es para el alemán la fórmula perfecta de la libertad.

***

Así habla hoy el ciudadano medio alemán. Después de haber expuesto sucintamente las ideas en curso, las que son moneda corriente en Alemania, podremos seguir nuestra encuesta por el país que de modo tan sustancialmente distinto al nuestro concibe su misión.

La primera derrota

Pero Alemania ha sufrido precisamente en estos días su primera derrota. Para iniciar su política de acercamiento a Inglaterra, Hitler había enviado a Londres a uno de los doctrinarios del nacionalsocialismo, Rosenberg, quien había comenzado a sondear la opinión de las principales figuras de la política británica. Pero en la vieja Inglaterra hay unos tipos insobornables, con lo que no cuenta el ciudadano alemán medio.

Rosenberg comenzó a adorar el santo por la peana, y se fue a colocar solemnemente una corona con la cruz gamada en el cenotafio de White Hall. A la mañana siguiente la corona del *nazi* no estaba allí. Un capitán del Ejército británico la había arrojado al Támesis y la había sustituido por otra cuya inscripción rezaba: «Han combatido por la Libertad. Dios guarde al rey». Acto seguido se denunció a las autoridades.

Por otra parte, lord Hailshan, ministro de la Guerra británico, hacía casi simultáneamente en la Cámara una declaración terminante contra las pretensiones de Alemania. Rosenberg ha abandonado sus gestiones diplomáticas y ha salido precipitadamente de Inglaterra. La cosa no es tan sencilla como el alemán medio se imagina.

Los *nazis* no desesperarán, sin embargo. Hitler, que tantas cosas ha tomado prestadas al comunismo, conoce bien la táctica leniniana de «un paso atrás, dos adelante» —lo que llamaban realismo genial de Lenin—, y volverá al ataque cuando las circunstancias sean más favorables. De momento el clamor universal contra el despertar del imperialismo germánico y las extorsiones hechas a los judíos han puesto a la opinión frente al nacionalsocialismo, y hay que ser prudentes. Días atrás, el bizarro Hitler proclamaba en Kiel: «No queremos guerra ni efusión de sangre; queremos sólo el derecho a vivir y ser libres».

Veamos ahora cómo «la nación en armas», por medio de las fuerzas de asalto y protección del nacionalsocialismo, se dispone a vivir y a dejar sin guerra ni efusión de sangre.

(*Ahora.* Madrid, 16-5-1933)

Cómo están organizadas las fuerzas de asalto y protección del nacionalsocialismo

¿CUÁNTOS SOLDADOS TIENE ALEMANIA?

Las potencias aliadas se empeñan en que Alemania no tenga más que cien mil soldados. ¿Qué se puede hacer con cien mil soldados nada más? —preguntan con tono de desolación los alemanes—. Y sus representantes diplomáticos —lo mismo los de antes que los de ahora— se van a Ginebra a pordiosear y gemir. ¿Cómo es posible que un país que se estime no tenga más que esa ridícula cifra de buenos mozos a los que alimentar, vestir con vistosos uniformes y calzar con recios zapatos?

Pero ésta es una de las más puras manifestaciones del romanticismo alemán, porque sus reclamaciones son puramente desinteresadas y románticas. Quiéranlo o no el Tratado de Versalles y la Sociedad de Naciones, Alemania no tiene cien mil soldados, ni doscientos mil, ni un millón: tiene sesenta millones de soldados. Los franceses se pasan la vida regateándole a Alemania este centenar de guardias o aquel millar de policías, pensando que con este regateo hacen alguna mella en sus efectivos militares a un país que, si en algo es rico, fabulosamente rico, es en eso: en soldados. Mientras en Ginebra discuten si la Reischswehr tiene efectivamente cien mil hombres o cien mil uno, cualquiera que ande unos días por Alemania y vea las manifestaciones callejeras y las paradas de los *nazis* y los *cascos de acero*, hará fatalmente el cálculo de que en filas Alemania tiene muy cerca de un millón de hombres.

Por referencias verbales, de las que no respondo, pero que deben de aproximarse bastante a la verdad, en Alemania existen hoy los siguientes soldados, auténticos soldados, con una preparación militar y una vida de cuartel más intensa que las que puedan llevar, por ejemplo, los soldados en filas de la República española.

Ejército y Policía, 200.000 hombres; tropas de asalto y protección del nacionalsocialismo, 400.000; Cascos de Acero, 200.000; trabajadores voluntarios, 200.000; otras organizaciones premilitares, 100.000.

Oficialmente el Gobierno alemán ha declarado que las tropas de asalto y protección de los *nazis*, así como los *cascos de acero*, no pueden ser considerados como organizaciones militares, y que el Ministerio de Guerra las ignora absolutamente, pero se ha demostrado hasta la saciedad el valor militar de estas tropas, su cohesión y la facilidad y rapidez con que pueden ser movilizadas sin ninguna intervención gubernamental. Se ha comprobado también que la instrucción militar que se da a estas tropas es exactamente igual a la que reciben los soldados regulares, y que en ella se incluye el manejo del fusil, la pistola, la ametralladora y el lanzamiento de granadas.

Para que cada cual piense lo que quiera, he aquí algunos datos sobre la organización de las fuerzas de asalto y protección del nacionalsocialismo.

Un *nazi* es, sencillamente, un afiliado político; como si dijéramos un miembro del Partido Radical. Pues bien; imagínense que un buen día este hombre que cree en don Alejandro Lerroux —o bien en don Antonio Goicoechea— y espera un destinillo o una concejalía si triunfan sus ideas recibiera una *instrucción* en la que su jefe político le advirtiera de la necesidad en que estaba, si quería continuar en el partido, de «entrenarse en ejercicios gimnásticos y excursiones obligatorias, así como aprender a caminar durante la noche campo traviesa, sin plano ni itinerarios, orientándose sólo por la posición de las estrellas». Imagínense cuál sería la estupefacción de nuestro hombre lerrouxista, radical socialista o filofascista de Goicoechea cuando le dijeron que tenía que aprender el manejo de las armas y debía hallarse siempre dispuesto a morir luchando por la causa. Cuál no sería su disgusto cuando tuviera que pagar ocho o diez pesetas por asistir a los mítines del partido y hasta dónde llegaría su indignación cuando recibiese otra *instrucción* en la que su querido jefe político le dijese como dice Hitler (textualmente) a sus *camisas pardas*: «Usted se calla y no se mete para nada en lo que no entre en sus atribuciones».

Esta es lisa y llanamente la diferencia que existe entre un militante político español y un hitleriano. He aquí cómo se actúa en política en un régimen fascista.

Y ahora que hemos marcado la diferencia entre militante y militante, vamos con la organización.

El partido nacionalsocialista cuenta hoy con un millón de afiliados, pero su fuerza política radica casi exclusivamente en sus tropas de asalto y protección, creadas por Adolfo Hitler en Munich el 4 de noviembre de 1921, a los pocos meses de haber comenzado la actuación del nacionalsocialismo como tal partido. La organización de las milicias fue la única preocupación de los *nazis* desde el primer momento, y su éxito fue tal, que antes de un año ochocientos *camisas pardas* pudieron presentar batalla a los comunistas de Coburgo. A partir de entonces estas milicias han ido adueñándose de toda Alemania. Hoy, su organización y sus efectivos superan a los del ejército nacional.

La sede del partido está en la famosa Braune Haus (casa obscura) de Munich, magnífico palacio adquirido por los *nazis* hace un par de años. Allí se reúne el comité directivo del partido que preside el jefe supremo del movimiento, hoy canciller del imperio, Adolfo Hitler, que es a la vez presidente del partido y jefe supremo de las secciones de asalto. El *Führer*, o, mejor dicho, el *Oberführer*.

El aparato administrativo del partido está regido por los jefes de los distintos departamentos, que vienen a ser unos verdaderos ministerios, y cuyos títulos son los siguientes: Hacienda, Organización (I y II), Propaganda (I y II); Asociación de Juventudes, Gimnasia y Deportes, Encuestas y Arbitrajes, Asuntos comerciales, Cuestiones jurídicas, Personal e Imprenta general del partido.

Territorialmente, el partido está dividido en regiones (*Gauen*), que se subdividen en distritos (*Bezirk*), y éstos, a su vez, en grupos locales, que en las grandes ciudades se denominan distritos urbanos. Hay en toda Alemania treinta y cinco regiones, es decir, tantas como distritos electorales.

El ejército *nazi* lo forman las Secciones de Asalto (S. A.) y las Secciones de Protección (S. S.).

Las Secciones de Asalto son unas dos mil, y forman parte de ellas cerca de cuatrocientos mil hombres uniformados con la camisa parda. Su organización militar está calcada de la del antiguo ejército del Káiser. Es más: en la última reorganización de sus tropas que hizo Hitler, dispuso que varios regimientos fuesen designados no con los números que les correspondían según la distribución territorial de las unidades, sino con los números que llevaban los regimientos más gloriosos del ejército imperial, «el mejor ejército del Mundo», de cuyas glorias debían ser dignos continuadores.

Forman el ejército hitleriano seis grupos o divisiones, que corresponden a los *Gruppen Kommando* de la Reichswehr. Cada tres estandartes o regimientos componen un *Gau-Sturm*, que viene a ser una brigada.

El regimiento lo componen cinco batallones, formados cada uno por una cifra variable —de seis a diez— de secciones de asalto o compañías, que son las que dan el nombre a todo el ejército. Cada sección de asalto está formada por dos o tres pelotones.

La organización de las secciones de protección es análoga, aunque desde luego en mucho menor escala. Los hombres de las secciones de protección no llegan a cincuenta mil.

Los cuadros de mando de este ejército están cubiertos con ex oficiales del ejército del káiser. Para la instrucción de las clases, Hitler fundó su Reichsführerschule, que le suministra los subalternos necesarios para sus tropas.

Estas fuerzas se alojan en pequeños cuarteles, en los que se instalan, a lo más, veinte o treinta individuos, salvo excepciones. Después de la toma del Poder, Hitler ha proporcionado a su ejército un acuartelamiento adecuado para mayores masas de hombres. Pero siempre el ejército hitleriano ha tenido asegurada la comunicación estrecha y rápida entre sus unidades, hasta el modo de que en cualquier circunstancia podía ser movilizada la fuerza con una rapidez extraordinaria. Para ello, las tropas de asalto han tenido establecidos siempre sistemas seguros de movilización, aun descartando las posibles interrupciones de las comunicaciones normales. Este propósito se lograba merced al material de *autos* y *motos* de que disponían los nacionalsocialistas. Últimamente, Hitler se había organizado incluso un cuerpo de aviación particular.

¿De dónde son las pistolas españolas?

El *nazi* lleva hoy en el costado una pistola. Antes la llevaba también; pero la llevaba escondida. Esa pistola es el gran argumento que el nacionalsocialismo ha empleado desde el primer momento en sus discusiones con los demás partidos políticos.

Pues bien; ese argumento —me lo han dicho en secreto— es nuestro; se lo hemos dado nosotros, los españoles. La pistola que lleva el *nazi* es española; quizá de Eibar.

Yo no quiero creerlo, y a pesar de que me insisten en que las tropas hitlerianas se han ido armando poco a poco en los últimos años merced al contrabando de armas procedentes de España, que con la complicidad de los aduaneros alemanes se hacía de un modo descarado, afirmo una vez y otra que esas pistolas no han salido de España. Alguien me ha dicho:

—Puede ser que no estén fabricadas realmente en España; pero lo que sí garantizo es que aquí se vendían clandestinamente diciendo que eran pistolas españolas.

—Eso es otra cosa. En la República Española no se favorece el contrabando de armas. Esas pistolas que los *nazis* compraban podían ser de otro país cualquiera.

—Acaso fueran belgas.

—Quizá de la misma Francia.

—O tal vez de la propia Alemania. ¿Quién sabe?

—Pero pasaban como españolas.

—Porque la procedencia española era una procedencia que no despertaba recelos.

***

Cuidado. No es este caso solo. Recientemente, un reportaje de China hablaba también de pistolas españolas vendidas de contrabando a generales y bandidos. ¿No valdría la pena de preocuparse un poco para que no se cubran con nuestro pabellón esos traficantes de armas sin escrúpulos que piensan que la nación de donde no importa que procedan las armas vendidas clandestinamente sea España?

¿De dónde salen las minas?

No hay que maravillarse demasiado ante la obra de este ejército que para su uso particular ha sabido organizarse Adolfo Hitler. Cualquier jefe político sienta el anhelo de emular al *Führer* puede fabricarse un instrumento análogo; así lo creo y así lo digo para consuelo y esperanza de los Goicoechea o los Albiñana que puedan andar por ahí.

No hace falta más que un requisito indispensable: dinero.

En los últimos tiempos, el ejército y la propaganda le han venido costando a Hitler unos cinco millones de marcos por mes; trece o catorce millos de pesetas. Con esto basta.

Si alguien está dispuesto a gastar en España una cantidad proporcional, puede ensayar el fascismo. No hay que hacerse ilusiones. Se calcula que a todo tirar, los ingresos naturales del partido no pasan de un millón de marcos por mes. Eso, contando con que en Alemania hay unos afiliados a los partidos políticos que pagan regularmente cuotas que oscilan entre uno y cinco marcos y que además abonan cantidades equivalentes por sus entradas para los actos de propaganda. Hay que contar también en ese millón de marcos lo que produce la venta callejera de folletos, insignias, retratos del «bello Adolfo», tarjetas postales alegóricas, etc., etc. Con todo eso faltan todavía tres o cuatro millones de pesetas, que son los que tenía Hitler todos los meses para seguir adelante.

¿Quién le daba este dinero?

Mucho se ha fantaseado sobre esto. Ha habido incluso quien ha afirmado que en el movimiento *nazi* corría el oro de Moscú; ese oro inagotable que por todo el mundo se esparce con pavorosa prodigalidad. Pero no parece muy verosímil que los comunistas de Moscú gastasen su oro en que los *nazis* les rompiesen la cara a sus correligionarios los comunistas de Berlín.

No; seamos más razonables. La verdad es que no se sabe exactamente de dónde salía el dinero que en costearse un ejército gastaba Hitler. Nadie conoce al céntimo los ingresos del nacionalsocialismo, pero no es aventurado afirmar —entre otras cosas porque los interesados no lo han recatado demasiado— que muchos aristócratas alemanes, y sobre todo la gran industria germánica, han nutrido con largueza las cajas hitlerianas.

Krupp, Boersig y Thyssen, las grandes firmas de la industria pesada alemana, han estado casi desde el primer momento al lado de Hitler, el hombre que puede con su doctrina y con la fuerza de que dispone realizar en Alemania el milagro de los trabajadores voluntarios; esos hombres que trabajan durante una jornada de ocho o nueve horas por dos reales.

(*Ahora.* Madrid, 17-5-1933)

Una visita a un campamento de trabajadores voluntarios

Los hombres que trabajan por dos reales

La causa de todo

Iba un ario puro uncido por un tirante que le hendía el pecho a una carretilla cargada de leña que arrastraba penosamente a lo largo de aquel camino oscuro tajado en el macizo de los bosques de abetos como una sima; su mujer, una mujer fuerte, avejentada, con unos calcetines caídos sobre los zapatos remendados y una capotita ridícula del tiempo de Federico el Grande, iba detrás de la carretilla empujándola también con tan honrado esfuerzo de bestia resignada y doméstica que, sin más ni más, súbitamente, al verles así afanados y empequeñecidos por el contraste con la sombra alta de los abetos hasta parecer hormigas, uno se avergonzaba un poco de pertenecer a un país privilegiado, en el que la vida se gana todavía con mucho menos esfuerzo.

Porque las dos figuras de aquella patética estampa no eran de esa pobre gente condenada fatalmente a la miseria por una incapacidad individual de mejoramiento. No se trataba de un analfabeto, sino de un ingeniero; el hombre que arrastraba la carretilla cargada de ramitas secas de abeto, con las que iba haciendo su provisión de leña para no morirse de frío en el invierno, era todo un ingeniero diplomado; unos de esos millares de ingenieros alemanes que no han trabajado nunca, porque no han tenido en qué trabajar. Todavía no se conoce en España esta tragedia del hombre laborioso y capacitado que consagra su juventud a adquirir una técnica difícil y que luego se ve envejecer y morir en la miseria, sin que el Mundo le haya ofrecido jamás la ocasión de ser útil y sin que haya podido probar si servía o no.

Así, declarados superfluos, hay muchos millares de hombres en Alemania; técnicos de todas las técnicas que, con sus diplomas en el bolsillo, barren las calles o escardan los sembrados. Estos hombres que, habiendo renunciado ya a todos los derechos, incluso el de comer, se refugian en el último baluarte, el derecho al trabajo, son los que ha hecho posible este fenómeno curioso de «los trabajadores voluntarios».

El paraíso de los patronos

He ido al imponente edificio del Ministerio de Trabajo a pedir autorización para visitar un campamento de trabajadores voluntarios. El Ministerio de Trabajo, regido por Seldte, está todavía en poder de los *cascos de acero*; y digo todavía, porque tengo la impresión de que a estos infelices *cascos de acero* no tardarán en desalojarlos de aquí, como de todas partes, los arrolladores *nazis*, dispuestos a tomar el Poder de modo tan absoluto que no quede un resquicio de la administración alemana al que no llegue su ojo avizor. En Alemania me ha nacido súbitamente una simpatía por los *cascos de acero*, de la que no me creía capaz. Creo que es la misma simpatía que despertarían los monárquicos constitucionales y alfonsinos de España si alguna vez cometieran la candidez de caer en manos de una fuerza fascistizante.

Estos hombres del casco de acero que rigen todavía el Ministerio de Trabajo tiene, por lo menos, la corrección tradicional de las clases conservadoras —cosa que los *camisas pardas* han desechado—, y, deferentes a mi requerimiento, me han facilitado cuantos datos pudiera desear sobre la organización del trabajo voluntario y, finalmente, me han concedido la autorización que pedía para visitar un campamento.

En la visita me acompaña un *ministerialrat*, que me provee de copiosas estadísticas, de las que hago gracia a los lectores. Baste con hacer constar que los obreros voluntarios pasan de doscientos mil, repartidos en campamentos de cincuenta a sesenta hombres por toda Alemania. Las regiones alemanas donde más se ha intensificado la organización del trabajo voluntario son las provincias renanas: Sajonia, Westfalia y Hesse; los trabajos a que se consagran preferentemente estas tropas de obreros voluntarios son los de saneamiento y mejora de terrenos; hacen también carreteras y caminos, trabajos forestales y cultivo de algunas pequeñas parcelas.

El campamento de trabajadores voluntarios que vamos a visitar está en Biesenthal, a unos 60 kilómetros de Berlín. Viene con nosotros, deseoso de aprender esta curiosa organización del trabajo voluntario, un patrono de Suecia, que ostenta la representación de no sé qué entidad patronal de su país: una especia de Graupera sueco que quiere ver por sus ojos esta maravilla de unos hombres que dócilmente, sin huelgas ni sindicatos, trabajan sólo por el gusto de trabajar y para no perder la costumbre del trabajo. ¡Si esto se difundiera! El patrono sueco viene bastante ilusionado.

Labores adecuadas

La jornada de los trabajadores voluntarios comienza con un saludo a la bandera. Colocada sobre un alto mástil que se yergue solitario en una explanada próxima al campamento, la gloriosa bandera del imperio —rojo, blanco y negro— es saludada todas las mañanas por estos cincuenta hombres sin fortuna que en rigurosa alineación, armados con palas, picos y azadones, se cuadran militarmente y le rinden honores antes de partir para el tajo, hacia el que se dirigen a una voz de mando, marcando el paso, «de cuatro en fondo», con la herramienta al hombro y encuadrados por los suboficiales, que ejercen la función de capataces.

En este campamento de Biesenthal que he visitado, los trabajadores voluntarios están desecando una laguna en cuyo fondo se ha formado un légamo que lo hace impermeable; las aguas estancadas, al perder el terreno su porosidad, son perniciosas y hay que desecar la laguna, limpiar el légamo y volver las aguas a su lecho. Para ello, los cincuenta obreros del campamento llevan varias semanas abriendo cauces, tallando trincheras y arrancando légamo. Viéndolos remover el terreno, no puedo resistir la sugestión de que estos hombres están aquí adiestrándose para hacer la guerra. Efectivamente: todos los trabajos que hacen los obreros voluntarios son útiles para un ejército en operaciones. Después he visto las estadísticas que me dieron en el ministerio, que de 179.132 trabajadores voluntarios, sólo 25.427 habían estado dedicados a labores propiamente de cultivo; los demás no habían hecho más que trabajos de remoción de tierras y de modificaciones en los bosques, equivalentes a lo que sería necesario hacer en una guerra.

—¿Por qué no se dedican los obreros voluntarios a otro género de trabajos? Esto de remover la tierra es indudablemente beneficioso para mejorar y extender los cultivos; pero ¿no convendría adiestrar a estos hombres en algo más que cavar trincheras y abrir caminos? —pregunto.

—No podemos dedicarlos a otros trabajos porque no queremos hacer competencia a la industria privada, que en Alemania sufre agudamente las consecuencias de la crisis.

—¿A quién benefician los trabajos hechos por estos hombres?

—Por lo general, a los municipios: es en los terrenos comunales donde preferentemente se hacen las obras de mejoramiento oportunas. También trabajan en posesiones privadas. Estos terrenos son propiedad de una condesa.

—¿Y los propietarios beneficiados no pagan nada a los obreros?

—Directamente, no; nos proporcionan alojamiento y ayudan pecuniariamente al sostenimiento de la institución.

—¿Qué jornal cobra un trabajador voluntario?

—Treinta *Pfennigs*. (Unos cincuenta céntimos.)

—Treinta *Pfennigs* cobran también los soldados, ¿no?

Cuando llegamos al campamento de Biesenthal, a mediodía, los trabajadores voluntarios han dado ya de mano a la faena y están en el caserón que les sirve de alojamiento comiendo el rancho. El funcionario del ministerio que nos acompaña, desde que llegó al campamento, se ha convertido en una especie de coronel, al que los suboficiales que hacen de capataces saludan militarmente, dándose un taconazo formidable cada vez que se dirige a ellos. Cuando hemos penetrado en el comedor ha sonado una voz de mando autoritaria, y con un golpe seco los cincuenta trabajadores se han arrancado de la cabeza las gorras del cuartel que usan y se han quedado ante sus platos cuadrados militarmente.

Hemos comido con el coronel y los oficiales —perdón, con el funcionario y los capataces— el mismo rancho sabroso y nutritivo de la tropa. La austeridad prusiana nos ha privado hasta de un sencillo vaso de cerveza. De sobremesa hemos ido a visitar el alojamiento.

Es un viejo molino que era casi inhabitable y que estos hombres mismos para habitar han tenido que poner en condiciones. El Estado no les ha dado más que unas paredes desmanteladas y un techo ruinoso. Todo lo demás lo han hecho ellos. Por lo menos, así me lo afirma mi guía, mostrándome los catres de campaña en que duermen, toscamente fabricados. Yo he visto, sin embargo, al pasar por otro dormitorio, unos catres de campaña que los trabajadores voluntarios no han podido fabricar, y que indudablemente han salido de los antiguos cuarteles del ejército del káiser.

En cada cuadra de éstas duermen doce o quince hombres, cuyos nombres y apellidos están inscritos en la puerta. Al lado del primer nombre que hay en la lista se lee: «El más viejo del cuarto». Este «más viejo del cuarto» tiene una autoridad indiscutible sobre los demás. Viene a ser algo así como un cabo. Podrían haber puesto el cabo o el sargento de compañía. Pero no han querido ponerlo.

Cada vez que entramos o salimos de una de estas habitaciones, el suboficial que nos acompaña se cuadra ante nosotros y nos saluda militarmente, pegándose el inevitable taconazo. Esto no será un cuartel, pero no hay nada en el Mundo que se le parezca tanto.

Resignación

Mientras hemos estado visitando el caserón se han presentado en el campamento unos muchachos que solicitan engancharse. Vienen con un aire triste, aburrido; con esa desgana y ese malhumor del hombre que ha perdido el hábito de trabajar y quizá de comer. Están a la entrada del comedor, con las manos en los bolsillos de los pantalones venteando el olor de rancho e interrogando recelosos sobre «las costumbres de la casa» a sus futuros camaradas. Se ve desde el primer momento que no les hace maldita gracia enrolarse en el cuerpo de trabajadores voluntarios. Estos infelices deben haber trotado mucho inútilmente por los caminos de Alemania en busca de un jornal. No lo hay para ellos. Tal vez alguno de ellos sea comunista; aquél, parece judío...

Nuestro coronel los mira de arriba abajo, y al advertir el aire desmadejado y despectivo que tienen y que aquí entre los taconazos y los saludos, parece realmente una insolencia, tuerce el gesto significativamente. No le gustan. A ellos tampoco parece hacerles mucha gracia el ambiente cuartelero que se respira.

Se quedarán, sin embargo. ¿Qué van a hacer? Aquí hay un rancho seguro, un catre y dos reales diarios. Pero sobre todo, hay una tarea. El alemán tiene que trabajar siempre. Tener trabajo es ser hombre. El alemán, a diferencia de los demás hombres de la tierra, trabaja por un principio invisible, ajeno a la remuneración; no es la consecución del bienestar por el trabajo lo que le hace feliz, sino que su felicidad es el trabajo mismo. Si por la adversidad de las circunstancias el trabajo sólo lo dan hoy a toque de corneta y sin más remuneración que la comida, ¿qué se le va a hacer? Todo es cuestión de acostumbrarse. Tengo la convicción de que a la vuelta de unos días, estos socialistas y estos judíos marcarán el paso y saludarán a la bandera del imperio con el mismo fervor que los otros. Lo importante es trabajar. Solos por los caminos del Mundo, vagando a la deriva, viviendo el milagro y la aventura, como normalmente viven muchos millares de españoles, estos tipos germánicos son incapaces de vivir. En España, estos muchachos, antes de meterse en este cuartel, se convertirían en mendigos o pondrían bombas.

Aquí es otra cosa.

Pudor ante el objetivo

—¿A qué hora se reanuda el trabajo? —pregunto al ver a los trabajadores voluntarios sesteando plácidamente después del rancho.

—Ya no se trabaja más hasta mañana. Las labores terminan a mediodía y la tarde se consagra a la gimnasia.

—Saludable práctica. Si todos los patronos dedicasen la mitad de la jornada de trabajo a la cultura física de sus obreros, el mejoramiento de la raza sería prodigioso.

Y, en efecto, formados militarmente de nuevo los trabajadores voluntarios del campamento de Biesenthal, se dirigen a una explanada próxima, donde, a la voz de mando de sus capataces, se consagran a ejercicios gimnásticos.

He mostrado deseos de presenciarlos, y galantemente el jefe del campamento se ofrece a llevarme. Pero cuando llegamos a una distancia de trescientos metros, desde la que se divisa, aunque sin detalles, el cuadrado perfecto del pelotón, inclinándose y levantándose, moviéndose de derecha a izquierda rítmicamente, con esa exactitud de movimientos que consiguen las buenas formaciones gimnásticas, mi guía se detiene y me dice:

—Allí los tiene usted: ya los ha visto.

Haciéndome el desentendido, yo insisto en aproximarme y continúo adelante. El jefe del campamento me sigue, a remolque casi, unos metros más. Pero he vuelto a sacar mi aparatito fotográfico y este hombre está dispuesto, por lo visto, a que yo no haga fotografías de la *gimnasia* de los trabajadores voluntarios. Y de manera inapelable, acabada ya su condescendencia, me hace dar media vuelta.

¿Saben ustedes por qué no se ha considerado oportuno que nos acercásemos más? Sencillamente, porque los trabajadores voluntarios, en vez de hacer gimnasia, estaban haciendo instrucción. Eso que en Alemania se llama discretamente gimnasia no es más que las instrucción militar que se da a los reclutas, pura y simple. A la distancia de trescientos metros podía verse perfectamente el movimiento rígido de los reclutas y su marcha acompasada; se oía claro y distinto el silbato de los suboficiales y el desgarrón de las voces de mando. Esto era todo. No les parecía oportuno que hiciésemos fotos.

Pero contarlo ya se supondrían que íbamos a contarlo.

Trabajo voluntario = Servicio militar obligatorio

He llegado a esta conclusión:

Trabajo voluntario = Servicio militar obligatorio

Y no debo ir desencaminado. Según me explican, el Ministerio de Trabajo tiene el propósito de sistematizar la recluta de los trabajadores voluntarios. Para ello, todos los años se hará el cupo entre los obreros de dieciséis a veinticuatro años que cobran el subsidio de paro. Durante un periodo de varios meses, estos hombres serán trabajadores voluntarios obligatoriamente, y se les licenciará cuando, suficientemente entrenados en la disciplina del trabajo, estén en condiciones de poder ser útiles a la patria en cualquier momento.

¿Cuál será el momento?

El momento en que haya que darles un fusil.

El proyecto está ya muy adelantado, y me aseguran que allá para el mes de octubre podrá ponerse en ejecución, llamando a la primera quinta.

¿Cuántos soldados tendrá entonces Alemania?

Un jornal de esperanza

Ya de regreso a Berlín, el funcionario del ministerio,

viéndome un poco abatido por el ambiente cuartelero de la organización y al patrono sueco un poco desesperanzado del trasplante de sus fábricas de los trabajadores de dos reales, nos explicaba:

—En estos tiempos angustiosos para Alemania, el hombre no tiene derecho más que a una cosa: a no perder el hábito de trabajar. Esto es todo lo que podemos ofrecerle. Aquellas exigencias del marxismo, todas las coacciones sindicales y las reivindicaciones proletarias se han acabado de raíz; en las presentes circunstancias, el trabajador no tiene derecho más que a trabajar.

—¿Ni siquiera a comer?

—Sí; el rancho.

He debido de poner una cara tan extraña, que mi interlocutor, encogiéndose de hombros, agrega:

—Es difícil que usted lo comprenda; pero el pueblo alemán sabe perfectamente que no hay más. Y convencido de esta dolorosa realidad, acepta esto que a usted le parece tan monstruoso. Lo acepta resignado, y se pone a trabajar por dos reales diarios y una escudilla de rancho con la esperanza de que el nuevo régimen sabrá crearles unas condiciones de vida mejores que las que supieron depararle catorce años de socialismo y comunismo.

—Sí; pero de momento, el nuevo régimen lo que ha hecho ha sido cambiarle al obrero su jornal y su libertad por el plato de rancho y la disciplina.

—Merced a este sacrificio le ofrece el bienestar en el futuro, cuando Alemania vuelva a ser grande.

—No es mucho.

—¿Cree usted que al cabo de catorce años el comunismo le ha ofrecido algo más que esperanza al obrero de la Unión de Repúblicas Socialistas Soviéticas? El porvenir, a cambio de una vida dura y sin libertad.

LA TEORÍA DE LA VACUNA

Esto es absolutamente cierto. En contra de todo lo que por táctica digan los partidos democráticos y marxistas, la verdad es que el proletariado alemán se ha puesto unánimemente al lado de Hitler. En Alemania no hay más que nacionalsocialismo. La eliminación de todas las demás fuerzas políticas y sociales ha sido absoluta y fulminante, merced, de una parte, a la eficacia indiscutible de un instrumento de acción tan contundente como las tropas de asalto, y de otra, a las esperanzas que el nacionalsocialismo, por su raíz demagógica y sus afirmaciones socializantes, ha hecho concebir a los obreros.

El trabajador alemán se ha dejado ganar por lo que Hitler ha tomado prestado al socialismo. Para conquistar al proletariado, Hitler ha seguido el mismo camino que siguió Mussolini: ha puesto en práctica lo que un escritor francés —Fabre Luce— llamó la teoría de la vacuna. Hitler, para combatir el socialismo, ha vacunado con virus socialista la burguesía alemana.

Esas impresionantes afirmaciones del nacionalsocialismo contra la renta, contra la propiedad privada de la tierra, contra la especulación y contra toda la burguesía, han hecho su efecto en las masas. No se olvide que Hitler ha mantenido hasta ahora sus postulados revolucionarios en materia social y que aún ahora, aliado con los barones y los grandes industriales, procura dar la impresión de que está luchando contra ellos, hasta el punto de que en sus relaciones con von Papen la gente quiere ver un doble juego: el de que cada uno va a engañar al otro. El alemán, hombre de buena fe, cree que Hitler va a convertir al socialismo a las fuerzas conservadoras del Estado; la opinión no alemana, más recelosa, cree que Hitler es sencillamente una vacuna, un recurso terapéutico de la burguesía alemana.

El doble juego

No hace muchos meses, se dio un caso curioso. Un hitleriano y un pangermanista netamente conservador iban del brazo en sus propagandas. El pangermanista se levantó en un mitin y dijo:

—La propiedad no peligra.

Acto seguido, el hitleriano declaró:

—La propiedad no tiene razón de ser. Vamos contra los *junkers* tanto como contra los comunistas.

Los *camisas pardas* han recorrido Alemania diciendo textualmente:

«Somos socialistas y vamos contra la mentira de la compasión burguesa. No queremos para el obrero la piedad de los burgueses, y nos burlamos de la legislación social burguesa, con la que no basta para vivir, y para morir, sobra. Queremos dar al obrero el producto íntegro de su trabajo». Y cosas por el estilo.

Hay, además, un viejo tipo de propaganda demagógica que siempre da resultado y que Hitler ha cultivado intensamente: es esa propaganda que tiene por base el meter en cintura a los explotadores del pueblo; siempre que se les dice esto, las masas populares se conmueven. Hitler disponía de unos explotadores de sacrificio: los judíos.

Y los ha aprovechado bien.

Pero cuando los señores de Alemania, las clases conservadoras, las granjas industriales, los barones que tienen en sus manos el carbón, el acero, la tierra, las finanzas, un poco alarmados, constriñeron a Hitler, éste les contestó:

«Yo lo que quiero es salvar la economía; no destruirla.»

Y pactaron con él.

Apoteosis

Hoy, el triunfo de Hitler es absoluto. La fiesta del Primero de Mayo en el campo de Tempelhof fue apoteósica: trescientas mil almas le aclamaron delirantes. Al día siguiente, Hitler se incautaba de los sindicatos. Todo esto, con un ademán imperial. Los líderes obreristas que iban a pactar su sumisión eran enviados a la cárcel, y las masas que hasta hace poco les habían seguido acataban sin discusión las órdenes del *Führer.*

Ante quinientos representantes de los sindicatos, reunidos en la Casa de los Señores, Hitler ha declarado constituido el *frente obrero* de la revolución nacionalsocialista y se ha proclamado su *protector.*

«Vamos —ha dicho— a restablecer las relaciones patriarcales entre patronos y obreros.»

Y se acabó el marxismo.

(*Ahora.* Madrid, 18 y 19-5-1933)

La conquista de la juventud

EL NIÑO *NAZI*

De aquí en adelante, todos los niños que nazcan en Alemania traerán la cruz gamada en el ombligo. No desconfío de que los sabios alemanes lleguen a aislar el principio biológico del nacionalsocialismo, ni de que encuentren la manera de inyectárselo a las embarazadas.

Ya no habrá en Alemania más que niños *nazis*. A los alemanes que Hitler ha cogido de adultos y barbados no ha habido más remedio que molestarse en convertirlos al nacionalsocialismo, y a los que eran incapaces de la conversión, el *Führer* ha tenido que tomarse el trabajo de *extirparlos* —es su expresión favorita—; pero con los que nazcan de aquí en adelante no está dispuesto a tomarse esos penosos trabajos. Nacerán ya como convenga.

A partir de ahora, el niño alemán vendrá al Mundo con el convencimiento indestructible de que es un niño privilegiado que pertenece a la mejor raza de la tierra; antes que a enderezarse sobre sus extremidades abdominales y a salir marcando el paso de oca, habrá aprendido que es miembro de un Estado totalitario que tiene una misión providencial que cumplir; estará convencido de que no todos los hombres son iguales ni todos los pueblos tienen los mismos derechos, y sentirá gravitar sobre sus hombros todo el peso de la herencia del heroísmo de los hermanos; considerados subversivos los conceptos de Paz, Libertad y Humanidad; aceptará que la vida es milicia y la milicia cuartel; estudiará una historia universal que será sólo la historia de Alemania; leerá únicamente en libros impresos con caracteres góticos y no entenderá los caracteres latinos; lo que hasta aquí se ha llamado «la invasión de los bárbaros», él lo llamará «la migración de los pueblos»; crecerá y se hará hombre sólo para imponer al Mundo estas convicciones, y con este fin exclusivo cultivará las ciencias y las artes, practicará los deportes y, sobre todo, se adiestrará en boxeo. Porque este niño alemán viene al Mundo con el compromiso de andar siempre entristecido, pensando que hay unos millones de alemanes que viven bajo el yugo extranjero y con la promesa formal de que se hará fuerte y sabio para acudir a libertarles cuanto antes.

Los alemanes están orgullosísimos, relamiéndose sólo de pensar en lo que será capaz de hacer este niño que van a producir en serie. Pero uno —que no pertenece a la mejor raza del Mundo— se queda pensando que es triste el destino de estos niños alemanes para los que ningún acento verdaderamente humano será jamás inteligible. Es indudable que serán unos niños magníficos, fuertes, sabios, valientes; pero en cambio, todas las voces que no sean exclusivamente alemanas serán para ellos trágicamente incomprensibles. Cuando, como hace unas semanas, unos niños lancen al Mundo un patético mensaje dirigido a todos los niños de la Tierra, en el que se hable con un acento hondo y universal de la «sed de paz», estos magníficos niños alemanes no lo entenderán. Y uno espera, en cambio, que haya unos rapaces en las montañas de Galicia o unos chavalillos en las vegas andaluzas más débiles, acaso, peor preparados tal vez, que cuando suenen en el Mundo esas voces humanas y las oigan y las entiendan, sean para ellos una lengua inteligible, porque aunque es posible que no tengan zapatos —procuraremos que los tengan— conservarán íntegro, puro, el sentimiento de la Libertad, el de la Justicia, el de la Paz y el de la Humanidad.

Y entonces se siente una gran pena por esos niños que van a producir los *nazis*.

Hay que saber cómo se hacen las cosas bien

Hay que tener un poco de imaginación para comprenderlo. Imaginemos que el señor Casares Quiroga reuniese un día en su despacho del Ministerio de Gobernación a los rectores de las universidades, a los directores de los Institutos y a los inspectores de primera enseñanza y, sobre poco más o menos, les dijese:

—Señores; es indispensable que ustedes se encarguen de que la juventud y la infancia españolas sean penetradas hasta lo más hondo por el sentimiento republicano. El niño español tiene que aprender a odiar al monárquico, y ustedes, señores, tienen la misión de inculcárselo. Han de barrer de las conciencias infantiles todo lo que no sea exclusivamente republicano, porque la República es España, y, en cambio, la Monarquía no fue más que una traición al sentimiento nacional, a la verdadera patria española. Tienen ustedes que llamar la atención de los niños sobre la situación trágica que la Monarquía ha creado a los españoles. Si España hoy es una nación empobrecida, ustedes van a decir constantemente a los niños que se debe única y exclusivamente al antipatriotismo de los monárquicos y a las infamias del régimen desaparecido. Estas afirmaciones no son unos postulados políticos, sino que ustedes, los maestros de los niños españoles, las tomarán como base indestructible de todas las ciencias y las artes que de aquí en adelante se cultiven en las universidades, los institutos y las escuelas de España. Esto que yo digo aquí ahora es la doctrina que se va a repetir todos los días y con todos los pretextos en todas las aulas del territorio nacional. ¿Estamos?

Los rectores de las universidades, los directores de los institutos y los inspectores de primera enseñanza bajarían respetuosamente la cabeza y se irían a sus cátedras a repetir estas palabras una y mil veces todos los días con la mejor voluntad y el más meritorio celo, porque previamente el señor Casares Quiroga se habría cuidado de que no fuesen ya rectores, ni directores, ni inspectores los que no estuviesen en tan favorable disposición de ánimo.

***

Pues esto es —traducido al español— lo que ha hecho en Alemania el doctor Frick, un señor que se ha sentado en un despacho de un ministerio que es igual, que el que tiene el señor Casares Quiroga en la Puerta del Sol.

La única esperanza de las dictaduras: la corrupción de menores

Hay que grabar de manera indeleble las doctrinas nacionalsocialistas en las imaginaciones infantiles. Esta es la principal preocupación de los hombres que hoy gobiernan Alemania. Para lograr esta deformación espiritual del niño y conseguir esta servidumbre de la inteligencia infantil a una concepción política que se ha proclamado dogma del Estado, todos los medios se consideran lícitos. Además de la coacción sobre los educadores se ha recurrido al arma de la propaganda por la imagen, arma formidable en manos de estos hombres de Hitler, que se jactan de decir que los regímenes anteriores no han sabido esgrimirla y que consideran desdeñable y de poca monta incluso el ejemplo de Mussolini.

El Ministerio de Propaganda es, efectivamente, una de las piedras angulares del nacionalismo. Ya en aquel gobierno clandestino que tenía Hitler en la Casa Oscura de Munich había no uno, sino dos Ministerios de Propaganda confiados a los hombres más activos e inteligentes del partido. No se espera a que las gentes se convenzan por las buenas de la excelsitud de los gobernantes *nazis* y de la legitimidad de sus doctrinas, sino que se sale en avalancha a las calles y a los campos para cazar al ciudadano con un formidable reclamo. Prensa, carteles, charangas, banderas, uniformes; toda Alemania está bajo la acción proselitista de este aparato gigantesco de publicidad.

Pero cuando se dirige a los chicos esta campaña de propaganda es realmente aterradora. Los grandes almacenes están llenos de juguetes nacionalsocialistas; todos los juegos infantiles en boga tienen un sentido *nazi*, y lo mismo ocurre con los deportes. Las chaquetillas bávaras, las insignias, los uniformes, las banderas, las armas, las estampas, todo lleva al chico hacia el nacionalsocialismo.

En el *cine*, los muchachos no verán más que películas de las paradas hitlerianas, ni oirán más que discursos del *Führer*; folletines a base de espionaje y escenas de guerra; *Alemania sangrante, Los camisas negras*; en todo caso, nada que pueda suscitar una crítica del partido o de sus doctrinas. Hace poco se ha prohibido la exhibición de *Muchachas de uniforme* porque es una película que tiende a humanizar la férrea disciplina prusiana.

Es la misma táctica del partido comunista. Cuando en los primeros tiempos del bolchevismo las doctrinas soviéticas fracasaban y el régimen estaba a punto de perecer, Lenin seguía imperturbable, consagrando sus mayores esfuerzos a la propaganda infantil, y afirmaba: «Por mal que vaya todo, si me dejan a los chicos en mis manos durante unos años, no habrá nada después que derribe el régimen soviético».

Esta misma preocupación ha tenido Mussolini en Italia y tiene ahora Hitler en Alemania. Todas las dictaduras convencidas de que el régimen de represión, por violento que sea, a la larga trae la ruina del dictador, ponen su esperanza en la fabricación artificial de una juventud que consolide su obra. Si durante los años que tuvo el poder en sus manos Primo de Rivera se hubiese dedicado como Lenin, Mussolini e Hitler a la corrupción de menores con fines políticos, no hubiese sido tan fácil la tarea de implantar un régimen democrático en España.

Un cauce a las rebeldías juveniles

Hitler fue directamente a captar a la juventud. Desde el comienzo, el nacionalsocialismo tuvo un aire radical, impetuoso, violento, que halagaba a los jóvenes. La propaganda se hace todavía entre los muchachos a base de que no hay en el mundo una doctrina que satisfaga tan plenamente los impulsos juveniles. Todos los radicalismos y todas las audacias de la juventud caben en la actuación de las tropas de asalto de Hitler.

A los desheredados, a los millones de muchachos que andan por las carreteras alemanas convertidos en vagabundos por no encontrar trabajo, el nacionalsocialismo les ofrece una revolución antiburguesa dirigida principalmente contra los explotadores del pueblo. Más, mucho más de lo que pueda ofrecer el comunismo a las masas proletarias, lo ofrece Hitler a los rebeldes alemanes. ¿Cómo va a cumplir el *Führer* sus promesas demagógicas? Esto no se ve claro todavía. Pero lo cierto es que le han creído. En los últimos tiempos, los propagandistas *nazis* iban a los millares de «Albergues de juventud», que hay por toda Alemania para proporcionar refugio a estos muchachos vagabundos, medio mendigos, medio deportistas, que con un morral a la espalda y una mandolina en el pecho cruzan sin rumbo los caminos de Alemania, y allí, ante el fuego del hogar, hacían su campaña proselitista. Son millares y millares los comunistas de hace unos años que hoy se hallan convertidos al nacionalsocialismo sin que les quepa en la cabeza que han saltado limpiamente de un mundo a otro, considerándolo como una evolución natural.

A las juventudes universitarias que desde el primer momento se inclinaron hacia el nacionalsocialismo, Hitler les ha restablecido de un golpe todas sus viejas franquicias. Ha restaurado los antiguos derechos de los estudiantes y ha utilizado sus asociaciones para que delatasen y eliminasen a los profesores contaminados de liberalismo, judaísmo o marxismo.

La gran fuerza de Hitler para la conquista del Poder ha sido indiscutiblemente los jóvenes. No nos equivoquemos: la juventud rebelde alemana está con el *Führer*.

Estando en Berlín, hace ya cinco años, fui una tarde a la redacción del *Berliner Tageblatt* para hablar con Teodoro Wolff. Los periodistas españoles teníamos candente entonces aquella vergüenza de la previa censura, y fui, naturalmente, con nuestro pleito al gran periodista. Pero Teodoro Wolff, que tenía ya ante los ojos el panorama de la Alemania de hoy, me habló de una manera insospechada para mí:

—La censura para la Prensa es necesaria; cada vez más necesaria. Pero no para que la ejerza un gobierno en beneficio de sus fines particulares o de sus hombres, eso es siempre condenable. En cambio, cada día estoy más convencido de que es indispensable una censura de Prensa ejercida no a beneficio de los gobiernos, sino precisamente en contra de ellos. Nunca será tan dañino lo que un periodista rebelde escriba como lo que un Gobierno inspira y hace escribir. Las campañas de un periódico de oposición pueden ser fatales para un político o un régimen; pero las campañas alentadas por los Gobiernos pueden desencadenar una nueva catástrofe mundial. Censura, sí; pero para los políticos y los gobernantes que se valen de la Prensa. Lo horrendo, lo espantoso, lo que tiene consecuencias incalculables es el estado de opinión unánime que en un momento dado un Gobierno puede provocar en un país por medio de los periódicos. Yo sueño en una censura de Prensa ejercida por un tribunal internacional con un alto sentido de la Justicia y una autoridad indiscutible; un organismo análogo al Tribunal de Justicia Internacional de La Haya, que llegado el caso pudiera cortar ciertas propagandas infames que los Gobiernos mismos alientan. ¿Cree usted que en estos momentos no sería la salvación de Europa que una censura internacional de Prensa impidiese las campañas ferozmente nacionalistas de los Gobiernos que están dispuestos a lanzar nuevamente a sus pueblos a una guerra?

¡Pobre Teodoro Wolff! ¿En qué oculto rincón de Alemania estará a estas horas contemplando despavorido cómo el gobierno de Hitler desencadena la campaña de Prensa más fuerte que se ha hecho en el mundo para lanzar a la guerra a un pueblo? ¿Qué pensará el iluso demócrata de esta captación del adolescente y del niño para los fines imperialistas del nacionalsocialismo que ya nadie puede frenar?

¡Pobre Teodoro Wolff! Su periódico, el *Berliner Tageblatt* es hoy uno de los más furiosos defensores del belicoso nacionalsocialismo; uno de esos periódicos hitlerianos de nuevo cuño que hacen decir al ministro Goering, con el mayor desprecio del mundo: «El celo de la antigua prensa pacifista convertida ahora al nacionalsocialismo es tal, que los viejos y auténticos nacionalsocialistas nos ruborizamos leyendo las fervorosas demostraciones de estos recién llegados».

(*Ahora*. Madrid, 23-5-1933)

¿Por qué son *nazis* las mujeres?

A LA COCINA

Yo no quería hacer propaganda de Hitler, y si cuento esto sé que se la voy a hacer. Pero como quiero cumplir mis deberes de informador imparcial, no tengo más remedio que contarlo.

Uno de los más fuertes apoyos de Hitler son las mujeres, a las que precisamente Hitler ha metido en la cocina de un manotazo. «Se acabaron los derechos políticos de las mujeres —dijo el *Führer*—; no tienen nada que hacer en política; el nacionalsocialismo donde necesita a las mujeres es en el fogón o criando a los hijos.» Y apenas había dicho esto, las mujeres, en las primeras elecciones que hubo, se fueron como corderitas a votar a Hitler. Ellas han sido las que le han dado su gran triunfo electoral.

En cualquier parte, esta desconsiderada actitud del *Führer* para con las mujeres bastaría para que se alzase un clamor universal de condenación. «¡Qué bárbaro!» —diría la gente—. Pero aquí, en España, tengo el temor de que al contrario estoy haciendo, sin quererlo, muchos prosélitos para el hitlerismo. Y no es lo malo que estos prosélitos salgan de entre los filofascistas españoles, sino que van a salir también de entre los más puros demócratas y los más fervorosos republicanos, porque si alguien tiene una dolorosa experiencia y un justificado temor acerca de la intervención de la mujer en la política deben ser, precisamente, los republicanos españoles. Todavía no se han tocado todas las consecuencias del lío que ha armado Clarita Campoamor con esto del voto femenino. Sin que esto quiera decir que deban alegrarse las derechas y los monárquicos. ¡Quién sabe si, al final, van a ser los que más deploran la intervención de las mujeres españolas en la política!

Nada menos que el fogón

Pero no vale contentarse con la gracia de la paradoja. Cuando Hitler manda al fogón a las mujeres y las mujeres van, es, naturalmente, por algo.

Es, sencillamente, que Hitler, al mandarlas al fogón, les ofrece eso, el fogón; nada menos que el fogón. Quizá a muchas de mis lectoras se les haya olvidado la importancia que esto tiene.

Pero piensen que todas las andanzas sociales y políticas de la mujer alemana tienen esta única y exclusiva causa: que no había fogones, que no había hogares, que no había casas, que no había hombres. Cuando esto ocurre en un país con la intensidad con que había venido sucediendo en Alemania a partir del armisticio, se plantea una serie de problemas sociales a base del feminismo verdaderamente pavorosos. Las mujeres, a las que la crisis ha echado a la calle, tienen que patear y luchar a brazo partido con los hombres en medio del arroyo. Las pobres, en esta lucha, llevan la peor parte, naturalmente, y si de pronto aparece un guardia que dice autoritariamente: «¡Basta; a la cocina!», la mujer se va muy contenta, porque supone que, efectivamente, hay una cocina a la cual se puede ir a cocinar.

El problema es que haya cocina. Hitler dice que sí. Allá veremos. Yo no lo creo, la verdad.

Cuando alguna vez las mujeres le han ido con sus problemas sociales, Hitler les ha tapado la boca con afirmaciones terminantes.

—¿Cuál es la política del nacionalsocialismo acerca del problema de los hijos ilegítimos? —le preguntaron una vez.

—Con el nacionalsocialismo —contestó— no habrá hijos ilegítimos, porque cada mujer tendrá su marido.

Esto, así, a primera vista, zanja todos los problemas. Pero, ¿habrá hombres bastantes para que cada mujer tenga un marido? ¿No hay en Alemania mayor número de hembras que de varones?

Problema insoluble

La cosa se complica, si se tienen en cuenta las exigencias racistas de los *nazis*. Sostienen éstos que no todos los seres humanos tienen derecho a reproducirse; como una de las piedras angulares del nacionalsocialismo es la depuración de la raza, los *nazis* aspiran a que sólo los puros arios puedan casarse y tener hijos.

Uno de los teorizantes más autorizados que tiene el racismo concreta su programa de mejoramiento de la raza en una división fundamental de las mujeres alemanas, a las que clasifica en cuatro grupos: las que se deben casar de todos modos, porque su casamiento es conveniente para la raza; las que no importa nada que se casen y tengan hijos si les gusta; las que no se deberán casar más que después de haber sido esterilizadas, y las que no se debe consentir de ninguna manera que se casen.

A los varones, el nacionalsocialismo les impone también no pocas restricciones. Una de las ordenanzas de Hitler a sus tropas de protección —que son lo más selecto del nacionalsocialismo— previene que ningún individuo de estas tropas podrá contraer matrimonio si no presenta ante el servicio de control de la raza los cuadros genealógicos debidamente en regla, suyo y de su prometida.

Este cuidado por el *pedigree* reduce notablemente el número de varones que puedan convertirse en maridos.

No se vislumbra cómo Hitler va a poder cumplir su promesa a las mujeres alemanas de darle un marido a cada una.

En los vilipendiosos tiempos de la democracia y el internacionalismo que han terminado para siempre, la raza ha degenerado indudablemente porque las mujeres germánicas no tenían ningún escrúpulo en casarse con judíos, indios, chinos, negros o lo que hubiera; yo quiero creer que las muchachitas germánicas han preferido siempre ver sus claros ojos reflejados en los ojos azules de un ario de los más puro que pueda darse; pero ¿y si no hay ario? Si en el mercado matrimonial tenían cotización los judíos, era sencillamente porque escaseaban los arios.

Los arios van a seguir escaseando, y como Hitler no se decida a resolver el problema de su raza como resuelven los ganaderos el de la raza bovina, mucho es de temer que no llegue a cumplir sus promesas. Ya verán ustedes cómo va a tener que instituir la poligamia. Los *nazis* de las tropas de protección a los que tanto se cuida el *pedigree,* parecen ser los indicados para cumplir esta misión reproductora.

El triste destino de las madres alemanas

Las tres kaes, *kuche, kirche, kínder*—es decir, la cocina, la iglesia y los hijos—, son todo el programa feminista del nacionalsocialismo. Las mujeres alemanas no pueden llamarse a engaño.

No hay una sola alusión a los derechos de las mujeres en todo el programa oficial del partido. La patria alemana van a hacerla los hombres solos. De las mujeres —dicen— sólo queremos los hijos.

Y, en efecto, desde que se encargó del Poder, Hitler ha ido mandando a sus casas a numerosas e importantes funcionarias que hace unos años jugaban un gran papel en la política y la administración. Las mujeres ya no cuentan.

Es posible que más adelante, cuando pase el tiempo sin que se convierta en realidad esta esperanza que hoy tienen las mujeres de que la vuelta al hogar va a dulcificar y mejorar su existencia, Hitler tropiece con la enemiga del feminismo, pero de momento, todas las mujeres están de su lado. Todas no; seamos exactos; si hay algo en Alemania capaz de resistir el *Führer* son algunos sindicatos femeninos de obreras y empleadas que, por las señales que ha dado, no se avienen tan dócilmente como los varones a que se cumpla la voluntad del amo. Creer, sin embargo, que estas débiles resistencias puedan tener alguna importancia política, es hacerse ilusiones.

No; el problema, el pavoroso problema de la mujer, se planteará en Alemania más adelante. Cuando Alemania acababa de perder la guerra, las infelices mujeres alemanas, que veían sus hogares deshechos, arruinada su dicha familiar, agotado su patrimonio y socavados los cimientos de su moral, se lanzaron a una nueva vida heroica de intervención en los asuntos públicos, de trabajo en las fábricas, de lucha en las oficinas, de aventura e inseguridad. Con esa sorprendente capacidad de adaptación que tienen las mujeres, las que hasta entonces habían sido entusiastas conservadoras de las tradiciones germánicas más puras, aquellas mujeres de clase media recatadas y honestas, y aquellas campesinas de costumbres y trajes patriarcales, al verse lanzadas al torbellino de la postguerra se improvisaron una vida nueva sin raigambre, sin el apoyo de la moral tradicional, sin base sólida de subsistencia, vinculada en las angustiosas necesidades del momento, de un vivir puramente instantaneísta que desdeñaba el pasado —demasiado triste— y el porvenir —demasiado incierto—. Se trabajaba furiosamente para gastar inmediatamente lo ganado; hombres y mujeres se entregaban exclusivamente al afán de cada hora, y no había más preocupación que la de arrancar, a costa de lo que fuese, los marcos necesarios para la satisfacción de los instintos de cada momento. Así ha ido rehaciéndose Alemania; esta es la base de la pujante nación de hoy.

Pero ha llegado el momento en que las mujeres, las más débiles, las que han llevado la peor parte, no pueden más. Extenuadas, batidas constantemente en esta lucha desigual del arroyo, han oído las palabras del *Führer*, que predica «la vuelta al hogar», como una voz celestial.

—¿Será verdad? —preguntan ilusionadas—. ¿Volveremos al gran tiempo? ¿Tendremos un hogar y unos hijos?

No se han parado todavía a pensar que lo que ellas llaman «el gran tiempo» fueron los años anteriores a 1914, cuando se iba incubando la guerra; ni siquiera han pensado que cuando se les piden hijos es porque se espera el momento en que sean necesarios.

Muchos, muchísimos hijos de madres alemanas va a necesitar el *Führer.* Todos serán pocos.

(*Ahora.* Madrid, 24-5-1933)

La vida cotidiana; usos y costumbres

La fauna berlinesa

Una tropa de hombres de negocios de tipo cosmopolita, encuadrada por capitanes de industria judíos y flanqueada por toda la fauna de arribistas que produjo la postguerra, ha dado el tono a la vida berlinesa desde 1918 hasta la llegada de Hitler. Desde el bar del hotel Adlon hasta la terraza del Eden Hotel —¿conocen ustedes la película *Gran Hotel*?—, una corriente de humanidad, sedienta de poder y goce, que se lanzaba heroicamente a la especulación y al derroche, ha ido preparando el resurgimiento de Alemania, elaborado a fuerza de despojos feroces en una lucha espantosa en la que triunfaban los aventureros más audaces en la conquista del dinero y los más valientes en el despilfarro.

Cuando ya Alemania ha vuelto a sentirse fuerte —a pesar de la crisis y los seis millones de parados—, gracias al esfuerzo pavoroso de estos hombres sin escrúpulos que sucumbían víctimas de la fiebre de los negocios y del afán sensual de gozar del dinero tan duramente adquirido, han aparecido los *nazis* con sus camisas pardas, diciendo: «Hay que moralizar todo esto». Y, para moralizarlos, han empezado por quitarles la cartera a estos judíos inmorales.

Los nuevos amos plantaron primero sus reales en el

hotel Kaiserhof. Desde allí fueron extendiendo su garra imperial por el centro de Berlín; la *Unter den Linden* y la *Postdammerplatz* fueron poco a poco poblándose de caras duras y mandíbulas apretadas, que se movían bajo el signo de la svástica de los arios; empezaron a cruzar las calles unos camiones cargados de *camisas pardas* que iban no se sabía adónde; de cuando en cuando dos *nazis* se acercaban a un caballero de ojos negros y manos largas y le invitaban secamente a que les acompañase; otras veces se veía formarse un pequeño revuelo en la acera de enfrente —¡las calles berlinesas son tan anchas!— y se sabía vagamente que unos transeúntes estaban golpeando a otro. Nada más.

La fauna berlinesa se atemorizaba; perdió el control del barrio de los Ministerios y fue replegándose hacia Charlottenburgo, donde todavía hay unos *Kempinski* repletos de hombres de negocios que pagan cincuenta marcos por una cena al tiempo que besan la mano ceremoniosamente a una cortesana prodigiosamente estilizada, y un *Romanische*, café, donde, en la madrugada, aún se ven unos tipos agudos arbitristas y unos sujetos con aires de sonámbulos a los que identifica ese color cetrino y ese aspecto feble del intelectual de oficio.

Pero por poco tiempo. Por la *Tauentzien* avanzan, cada vez más arrogantes, los hombres de Hitler con sus altas botas ferradas y sus camisas pardas. Y la gente que daba el tono a Berlín cada vez va encogiéndose y disimulándose más y más. Pronto no quedará ninguno.

La miseria

En Berlín —sólo en Berlín— hay medio millón de parados; de ellos, ciento treinta y siete mil son mujeres. Los oficinistas berlineses sin empleo son unos setenta mil. La miseria es, sin embargo, difícilmente perceptible porque todos, absolutamente todos, a costa de los sacrificios que haya que hacer, van vestidos con cierta decencia. Frecuentemente le tiende a uno la mano en una esquina un hombre positivamente mejor vestido que uno; y a veces, hasta con cierta elegancia. El tipo astroso y repugnante del mendigo meridional —español o italiano— es desconocido. No he visto a nadie descalzo en toda Alemania.

Los innecesarios

Ahora que llega el buen tiempo, la situación mejora notablemente, porque hay muchos millares de berlineses declarados innecesarios que se van a vivir la vida del hombre primitivo en medio de los campos. Unas arpilleras y unos palos resuelven el problema de la vivienda; el de la manutención, mal o bien, se resuelve con el subsidio del paro. Así surgen durante el verano esas *ciudades de lona*, en las que vuelven al estado de naturaleza millares de berlineses que no tienen nada que hacer, yendo de un lado para otro en Berlín y gastándose en tranvías y autobuses el dinero que no poseen. Mediante el pago de dos marcos y medio por la temporada, los Ayuntamientos de Berlín y Postdam ceden el terreno necesario para que estos desagraciados levanten sus tiendas de campaña. Ellos mismos se lo hacen todo. Eliminados por superfluos de la urbe civilizada, se las ingenian para pasarse sin los beneficios de la civilización; en las *ciudades de lona* no son necesarios los trajes, ni los taxis, ni los ascensores, ni los teatros, ni los cafés, ni ninguna de esas exigencias de la vida civilizada que a tan dura costa se consiguen. Cada cual busca el sol; ellos mismos, con el sentido innato de la autoridad que tienen todos los alemanes, se organizan en *Verein* o concejos, a los que compete mantener el orden y hacer cumplir las ordenanzas —bastante severas— que voluntariamente se imponen.

Y así tiran desde junio hasta octubre.

Administración de la paternidad

En Berlín había unos titulados *consejeros matrimoniales*, cuyos gabinetes de consulta se habían visto concurridísimos en los últimos tiempos. Estos *consejeros matrimoniales* surgieron hace cinco o seis años, cuando empezó a hablarse de que iba a ser exigido legalmente el certificado sanitario prenupcial, y sus clientes eran no sólo los novios que querían saber si tenían algún impedimento fisiológico para contraer matrimonio, sino los casados viejos, a los que la crisis planteaba el caso de conciencia de las prácticas malthusianas. En una palabra: los *consejeros matrimoniales* lo que hacían era poner en práctica el malhtusianismo por medio de la divulgación de los medios preventivos o bien favoreciendo la ejecución del aborto. Hace unos días, los *nazis* han suprimido de raíz los *consejeros matrimoniales.* No porque el racismo considere criminal la limitación de los natalicios, sino porque, a lo que parece, pretende administrarla. Hay, en efecto, algunas personalidades científicas del nacionalsocialismo que preconizan la esterilización; recientemente, el doctor Ostermann la ha defendido, diciendo que no hay ningún peligro en practicarla. Lo que los *nazis* pretenden es que no sea el individuo, según su individual capricho, el que decida si va a tener hijos o no; esta es una facultad que incumbe al Estado, el cual dirá a uno: «Tú, ario puro, a tener hijos»; y al otro: «Tú, semita indeseable, no los tendrás de ninguna manera, porque te esterilizaré, quieras o no».

DEMOGRAFÍA

Porque, a pesar de la fecundidad germana, el número de natalicios había decrecido considerablemente; el año pasado hubo en Prusia 178.000 natalicios más que defunciones, pero el año anterior había habido 193.000 más; hace tres años, 258.000, y en 1925, los natalicios superaron a las defunciones en 345.000. Los matrimonios iban también en baja; en 1932 hubo tres mil menos que en 1931.

Por todo esto, Hitler ahora, y antes von Papen, se propusieron moralizar las costumbres a golpe de decreto. Se ha organizado una verdadera persecución de la propaganda anticonceptista; se han cerrado todos los *cabarets* perniciosos, y se ha llegado incluso a la supresión de aquellos tangos que por la letra o por su cadencia pueden contribuir a la relajación de las costumbres; en cambio, se está provocando artificialmente la resurrección del vals. Los que quieren oír música de negros tienen que buscar en sus aparatos radiorreceptores las ondas de París o de Londres. Es exactamente lo mismo que hacen los bolcheviques. Sólo en Moscú he visto un celo moralizador equivalente.

Ahora se trata de convencer a los jóvenes matrimonios de que aplicarse a mejorar las estadísticas demográficas es más barato que ir al *cine*. Y más entretenido.

Un poco de ropa

A los *nazis* no les divierten demasiados los desnudistas. El desnudista suele ser un tipo que cae en una órbita de preocupaciones nada gratas al hitlerismo; es esa línea ideológica que va del naturismo al internacionalismo y el pacifismo; el hombre que prescinde de la ropa suele tener algo de socialista, pacifista, vegetariano y, acaso, acaso, esperantista. No, no; los *nazis* no están para monsergas de este tipo; para ser revolucionarios no hay que quitarse tanta ropa; basta con prescindir de la chaqueta y quedarse con camisa parda. Creo, pues, que terminarán dando la batalla a los millares de desnudistas que hoy pueblan gozosos los bosques de Alemania. Y va a ser un conflicto; porque de todas las libertades que los *nazis* puedan conculcar, acaso la que más sientan perder los alemanes sea ésta de poder quedarse en cueros vivos cuando se les antoja.

Boxeadores y duelistas

Los *nazis* se proponen intensificar la cultura deportiva del pueblo; sobre todo, el boxeo. Se asegura que en el próximo presupuesto figurarán muchos cientos de miles de marcos a disposición de los promotores profesionales del boxeo para que organicen sensacionales encuentros; se van a dar clases obligatorias de boxeo para los soldados y para los alumnos de todas las escuelas y todas las universidades; los viejos boxeadores retirados serán movilizados como profesores, y se organizarán constantemente campeonatos interescolares o interuniversitarios.

Simultáneamente, ha reaparecido entre los estudiantes el gusto antiguo por los desafíos. Vuelven a verse por las calles de las ciudades universitarias alemanas jóvenes petulantes con la cara cortada. «Los duelos —dicen— forman parte de nuestra educación, elevan nuestra alma y nos inoculan la fuerza del carácter, el coraje y el patriotismo.»

Contra los explotadores

Empiezan a subir los precios. Los *nazis* sostienen que estas subidas son artificiales y están provocadas por los explotadores del pueblo. En Munich han sido detenidos recientemente doscientos comerciantes, a los que se les han cerrado las tiendas y se les ha colgado este letrerito: «Cerrado por precios ilícitos. El dueño de esta tienda está en el campo de concentración de prisioneros de Dachau».

Revolución

En medio de todo esto, la gente tiene un aire grave y un gesto duro. Se está haciendo una revolución. Los jóvenes *nazis*, a los que seguramente los reaccionarios españoles se imaginan como unos muchachos alocados que hacen barbaridades provechosas —algo así como nuestros señoritos—, se espantarían si viesen el sentido demagógico que tienen estas huestes juveniles de Hitler. El nacionalsocialismo es, indudablemente, un movimiento reaccionario, pero no como se lo imaginan los reaccionarios españoles. Hablad a un joven *nazi* de las buenas cualidades de sus mayores, y veréis qué infinito desprecio siente por ellos, cómo los odia. ¿El pasado? Un tejido de errores. ¿El káiser Guillermo? Un viejo cobardón que le tenía miedo a la guerra.

***

—Hemos venido —ha dicho Hitler—, porque desde el armisticio habían tenido que suicidarse doscientos veinticuatro mil novecientos alemanes.

(*Ahora*. Madrid, 25-5-1933)

La extirpación metódica de los judíos

Sin folletines

¿Asesinatos de judíos? ¿Atrocidades de que han sido víctimas? ¿Casos espantosos de crueldad? Desde hace dos meses, la Prensa mundial está llena de relatos terribles, algunos con bastantes indicios de exactitud. Pero no hay manera de demostrar nada de esto, y como honradamente no puedo aportar ningún testimonio personal, ni quiero caer en las rectificaciones de la *Greuelpropaganda* (propaganda contra las atrocidades, o, mejor dicho, contrapropaganda de las atrocidades) que han tenido que montar los *nazis* para hacer frente a la protesta del mundo civilizado, prescindo de los relatos circunstanciales de crímenes atribuidos a los *nazis*, que hoy andan por el Mundo al alcance de cualquier pluma. Se calcula que en toda la aglomeración urbana de Berlín los judíos muertos violentamente estos días son unos quince en total; pero repito que esta cifra me parece arbitraria y que no habría nunca manera de probar su exactitud. Si se tiene, además, en cuenta que los judíos de Berlín son cerca de doscientos mil, estos crímenes, caso de ser ciertos, carecen de importancia numérica. En una urbe de la densidad de Berlín, y dadas las proporciones de su criminalidad, los quince judíos muertos a mano airada no tienen ninguna trascendencia social y pueden ser fácilmente absorbidos por esa masa que forman las víctimas de crímenes obscuros y accidentes confusos que ni siquiera merecen tres líneas en la reseña diaria de los sucesos locales.

Hay, además, por parte de los mismos judíos, el deliberado propósito de no escandalizar el Mundo con estos relatos terribles; la verdad, ellos y los *nazis* la saben; pero ellos tienen acaso más cuidado que los *nazis* en no divulgar ciertas cosas; han sido precisamente los mismos judíos alemanes los que se han dirigido a sus hermanos de raza que se hallan en el extranjero desmintiendo todas las atrocidades divulgadas y pidiéndoles que no protesten, que no se escandalicen. «No conseguiríais —dice— más que agravar nuestra situación.» El domingo se publicaban en *Ahora* unas palabras del ministro Goebbels que, contestando a una pregunta mía, explicaban con claridad meridiana la situación. «A las organizaciones israelitas alemanas —decía impasible el lugarteniente de Hitler— no ha de serles difícil lograr que sus hermanos de raza emigrados se abstengan de toda agitación y de toda injerencia en los asuntos internos de Alemania, con lo cual prestarán un servicio a los judíos que en Alemania residen. El boicot de defensa contra los judíos, puesto en práctica por nosotros hace algún tiempo, nos demostró que este género de presión es perfectamente posible. En adelante seguiremos manteniendo el principio de que los judíos residentes en Alemania tienen obligación de evitar que el país donde viven sea difamado.»

Hemos vuelto al régimen medieval de los rehenes.

A pesar de todo, en esto de las atrocidades cometidas con los judíos, creo que entra por mucho la fantasía folletinesca. Lo verdaderamente serio e importante no es el relato espeluznante de un crimen o de quince crímenes, sino la implacable línea de conducta seguida por un régimen como el nacionalsocialista contra una masa de ciudadanos que según las estadísticas, pasan de setecientos mil. Hitler va positivamente a cumplir desde el Poder sus promesas de *extirpación* de los judíos. Conste que esta palabra de *extirpación* es suya. El judío residente en Alemania se encuentra hoy absolutamente bloqueado; la vida se hace materialmente imposible. La ley del 7 de abril les ha expulsado de todos los empleos oficiales, y téngase en cuenta que no se trata sólo de los puestos que dependen del Gobierno, sino de todas las corporaciones y empresas en las que el Estado participa. Es decir, que, por ejemplo, el judío no tiene ni siquiera derecho a ser guardagujas. Sus hijos no son admitidos en las universidades ni en las escuelas superiores más que en una proporción del uno por ciento de los alumnos. De tres mil abogados judíos que había en Berlín, han sido excluidos mil trescientos; sólo se les ha consentido seguir ejerciendo a los que hicieron la guerra o a los que perdieron al padre o algún hijo en el frente. La inmensa mayoría de los empleados judíos de casas particulares han sido despedidos con un mes de indemnización. Los municipios han retirado todas las subvenciones que daban a los hospitales y centros de beneficencia judíos. Los profesores de universidad han sido expulsados de las aulas por sus propios discípulos. Los pequeños comerciantes sufrirán ya siempre las consecuencias del día del boicot, porque los clientes se van ahora a comprarle al tendero o al panadero netamente alemán. Los grandes almacenes están bajo la intervención de los representantes del racismo designados con arreglo a la ley de control sobre las industrias que ha impuesto Hitler. Los dueños de las grandes empresas periodísticas y editoriales, Ulstein y Mosse, por ejemplo, han tenido que cederlas a los *nazis*, que han renovado casi totalmente el personal de sus redacciones. Rudolph Mosse recibirá por toda indemnización la suma de cien mil marcos al año, de los cuales tiene el deber de invertir una parte considerable en beneficencia y el resto ha de gastarlo forzosamente en Alemania. No; no es que a los judíos les corten las orejas ni les arranquen los pelos; es, sencillamente, que les van suprimiendo los medios de vida. Hasta que sucumban. Cito sólo los casos de persecución comprobables fácilmente, por haberse hecho públicos autorizadamente o porque dimanen de resoluciones de gobierno. Todas estas medidas —que en opinión de algún propagandista *nazi* son todavía suaves, muy suaves— no pueden causar impresión a los que conozcan el credo del nacionalsocialismo, uno de cuyos fundamentos es esta extirpación radical del judío. ¿Es que no iban a cumplir su programa?

Lo que realmente sorprende es que a una masa humana de setecientas mil almas, a las que se somete a esta presión formidable, no se le da salida alguna. Porque el gobierno alemán, temeroso de las consecuencias económicas que pudiera tener la huida general de los judíos al extranjero llevándose sus bienes, ha echado la llave a la frontera. A los judíos que quieren marcharse se les exige un visado especial, que puede ser —y es—, con diversos pretextos, frecuentemente negado. No se deja sacar de Alemania más que doscientos marcos por persona, y sólo con esta medida la emigración es prácticamente imposible en una época de crisis y congestión como ésta que atraviesa Europa.

Reivindicación

Vamos nada menos que a reivindicar a los Reyes Católicos. Cuando les molestaron los judíos, no se anduvieron en contemplaciones y los expulsaron. Con el decreto de expulsión de los judíos, España sufrió un grave quebranto; pero la catolicidad de sus reyes exigía esa amputación dolorosa. Ahora bien; si los Reyes Católicos, en vez de católicos hubiesen sido arios, y en vez de la cruz hubiesen llevado en su pendón la svástica, habrían encontrado un arbitrio menos heroico y más beneficioso que sólo su catolicidad les vedaba. No los habrían expulsado, no. La expulsión ocasionaba un daño demasiado grave a la economía general del país. Hubiesen hecho algo más sencillo; no los hubiesen dejado vivir y no los hubiesen dejado marcharse. La barbarie medieval no permitió entonces el alumbramiento de esta fórmula genial del racismo, que estaba reservada a la mayor gloria del siglo XX.

Quiénes son arios y quiénes son judíos

La raza de los arios aparece sobre la faz de la tierra hacia 1830; hace aproximadamente un siglo; antes de esa fecha, las razas no estaban diferenciadas, y la humanidad vivía en el caos. Esto es lo que se deduce de las normas puestas en vigor por Hitler para saber cuáles son los alemanes puros y cuáles los judíos. Son arios puros aquéllos que puedan presentar las partidas de bautismo de sus cuatro abuelos; un solo abuelo no bautizado convierte a un alemán en semita, y en cambio, una pura ascendencia judía de veinte siglos, y la conversión final al cristianismo de los cuatro abuelos, sirven para trocar al más legítimo hijo de Israel en ario purísimo, dotado de todas las nobles virtudes de la raza nórdica.

¿Es un poco grotesco, verdad? Pues con este concepto de la raza aria, diferenciada de las demás hace cien años —cuando pudieron bautizarse o dejar de hacerlo los cuatro abuelos del ciudadano alemán—, está haciendo Hitler la división de sus súbditos en ciudadanos que tiene derecho a la vida y ciudadanos que deben morirse; porque no tendrán más remedio que morirse.

Los que querían venir a España

De los diez millones de judíos que, según los cálculos, hay en Europa, la undécima parte eran alemanes. Ahora tendrán que repartirse por las demás naciones, agravando el problema particular de paro que tiene cada una. Claro es que no todos los judíos alemanes podrán emigrar; a los que tienen dinero, Hitler no los deja salir tan fácilmente; la inmensa mayoría de los otros tendrá que quedarse, como sea, porque Europa no está hoy para permitir que vayan de un lado para otro hombres que sólo sirven para agravar el problema de los *sin trabajo.* Así y todo, en las primeras semanas del régimen nacionalsocialista salieron para Polonia unos diez mil judíos alemanes; en un solo día se fueron a Checoslovaquia tres mil; por el Consulado de Francia en Berlín pasan diariamente doscientos o trescientos judíos; Inglaterra no admite ya más que a los que lleven dinero; España...

Durante todo el mes de abril, nuestro Consulado en Berlín estuvo sitiado por los millares de judíos que querían venir a vivir a España. Se había difundido el rumor de que necesitábamos judíos. Un periódico alemán publicó incluso la noticia de que el Gobierno español necesitaba trescientos mil judíos, a los que pagaría el viaje —en segunda clase— y los gastos de hospedaje durante dos meses, a más de facilitarle los medios para que montasen fábricas e industrias en nuestro territorio.

Acudieron como moscas. Nuestro cónsul, asediado por aquella muchedumbre de desesperados, que veían el cielo abierto, no sabía cómo quitárselos de encima. A la puerta del Consulado tuvo que fijar un aviso que decía: «Emigrantes: leed. Todos los rumores que han circulado sobre las supuestas facilidades o preferencias del Gobierno español para establecerse en España y sobre concesiones de terrenos para su colonización, así como sobre viajes gratuitos y demás ventajas, son completamente fantásticos. En España hay también falta de trabajo, y se dejan sentir, como en todo el Mundo, los efectos de la crisis».

Llegaban, leían aquello y no se convencían. Subían todavía a plantear su caso al cónsul, plenamente convencidos de que en España eran necesarios. Muchos preguntaban cuál era la consideración de que disfrutarían en España, y al decirles que sencillamente la de extranjeros, se maravillaban. Entonces, algunos exhibían su castellano del siglo XV y sus apellidos de indudable origen español: he visto allí a un David Marco, un Alcalai, un Alfandari y un Ben Usiglio incuestionablemente españoles.

Ha habido algunos tan pintorescos que se presentaban pidiendo poco menos que las llaves de su casa de Toledo o Granada. Estos sefarditas eran los menos; muchos eran alemanes, y en su inmensa mayoría, del este, polacos. Mezclados con judíos, iban también nutridos grupos de comunistas típicamente alemanes, ucranianos y rusos con pasaporte Nansen que desde hacía muchos años residían en Alemania. El gobierno español restableció inmediatamente el visado y ha podido hacer así una razonable selección. Prudente e inevitable medida.

Se presentaron muchos casos curiosos. Hombres de negocios que proyectaban instalar formidables hoteles en Palma de Mallorca; dueños de establecimientos de modas que querían trasladar sus negocios a Barcelona; una gran empresa dedicada a la fabricación de óptica de precisión que quería montar su industria en Madrid, y así varias docenas. Hubo también algunos que, con esa suavidad de modales del judío, planteaban en seguida el problema de la exportación clandestina de capitales; como cosa hacedera y dentro perfectamente de la moral al uso, pretendían que los representantes oficiales de España les ayudasen a sacar el dinero de Alemania burlando las restricciones de Hitler.

—Yo tengo un millón de marcos —decía uno acariciando su barbita— y lo depositaría aquí, en el Consulado, para que me lo entregasen ustedes en Madrid si la comisión que me cobrasen no fuese muy crecida.

Apóstrofe

El judío está tan aterrorizado, que se allana a todo, y pasando por las más humillantes vejaciones, sólo pide que le dejen el derecho a vivir. No he oído en mi vida un apóstrofe tan patético como el de ese intelectual judío que días atrás clamaba dirigiéndose a los *nazis*:

—Haced con nosotros lo que queráis, pero dejadnos vivir a costa de lo que sea. Las últimas experiencias científicas han demostrado que a un perro se le puede extraer hasta la última gota de su sangre para volver a llenar sus venas con sangre de otro perro de casta distinta; hacedlo así con nosotros, si no queréis que tengamos sangre judía; pero dejadnos vivir. O dejadnos marchar.

(*Ahora*. Madrid, 26-5-1933)

La lucha política y la represión policiaca

Los *nazis* habían venido diciendo que el día que triunfasen iban a hacer y acontecer, que se iban a tragar el Mundo, que del régimen anterior no quedaría piedra sobre piedra, que harían una degollina general. El mismo Goebbels, en sus encendidas propagandas, hablaba con tono apocalíptico de una simbólica «noche de los grandes cuchillos» (*lang Messer*), en la que el furor revolucionario de los *nazis* iba a hacer surgir la nueva Alemania de un verdadero mar de sangre. No creo que haya habido nadie en el Mundo que haya amenazado tanto como estos hombres de la camisa parda.

Cuando Hitler tuvo el Poder en las manos, sus tropas se lanzaron, efectivamente, sobre el país como un ejército invasor de la Edad Media; no se han quedado cortos; han hecho bastantes barbaridades; muchas menos, claro está, de las que prometían, pero desde luego todas las que eran factibles. Lo sorprendente es que, ahora, cuando se les apunta en la cuenta de su programa como facturas saldadas las barbaridades ya cometidas, se enojan y dicen que se les hace víctimas de una campaña de difamación. Tengo la evidencia de que todos los hechos que he venido consignando en este reportaje son auténticos y creo que ningún *nazi* se avergonzaría de haberlos realizado. ¿De qué se enojan entonces? De la interpretación; es, sencillamente, que lo que nosotros llamamos barbaridades, para ellos no lo son. El nacionalsocialismo ha ido orgullosamente a buscar sus fuerzas motoras en unos recortes medievales y aun en ciertas fuentes primitivas de energía. A eso, nosotros le llamamos barbarie, aunque ellos lo llamen de otro modo; surge aquí la misma diferencia de apreciación —ya señalada— que nos hace llamar «invasión de bárbaros» a lo que ellos llaman «migración de los pueblos».

Por esta diferencia sustancial de apreciación que hay fatalmente entre un latino y un germano, si decimos que la población alemana vive hoy bajo un régimen de terror policíaco, diremos verdad; pero los alemanes dirán que no somos exactos. Hay, en efecto, millares y millares de detenidos; hombres a los que se arranca de sus casas y se mete en prisión sin más causa que la de tener unas ideas distintas de las que tienen los que mandan. Se han instalado varios campamentos de concentración de prisioneros, y todos los días salta a la vista del viajero en las calles de las ciudades alemanas el trajín de los camiones policíacos llevando y trayendo presos políticos de un lado para otro. Ahora bien; esto, que para nosotros es la barbarie, el terror policíaco, para los *nazis* es sencillamente una operación social necesaria y urgente que practican filantrópicamente. Estos hombres, a los que se priva de libertad y se mete en un campamento a comer rancho, son tan sólo como unos enfermos a los que se recluye piadosamente en unos sanatorios para favorecer su curación.

No he conseguido que me dejasen visitar ningún campamento de concentración de prisioneros, pero hablando con algunos sujetos que los han padecido, he llegado a obtener referencias bastante precisas. Se trata pura y simplemente de cuarteles o campamentos militares, en los que se aplica inflexiblemente la disciplina de hierro del ejército imperial. Los alemanes creen que la disciplina de hierro militar es una especie de suma y compendio de todas las virtudes cardinales. Y a todos los disconformes con el régimen —un régimen que debe su triunfo a unas elecciones, no se olvide— los someten a este tratamiento intensivo de disciplina militar, con la esperanza de que así, moviéndose a toque de corneta y marcando el paso, se curarán de sus errores. ¡Y lo maravilloso es que se curan! Pocos, muy pocos, serán los comunistas, socialistas o liberales alemanes que resistan unas semanas de vida militar a la prusiana sin encontrarse al cabo sumados, aun contra su propósito, a esa moral regimental que los alemanes llaman «espíritu del frente». Tengo la sospecha de que si a la masa rebelde española se la sometiese a este tratamiento, la inmensa mayoría de los así tratados acabarían por suicidarse o se estrellarían desesperados contra los fusiles de los guardianes y las alambradas de espino con corriente eléctrica de cuatrocientos voltios que los alemanes ponen a sus campamentos de prisioneros. También en Alemania hay tipos así; pero sospecho que ya quedan pocos. La ley de fugas no es exclusivamente celtíbera.

Los prisioneros de los campamentos se levantan a las cinco y media de la mañana y a las siete y media se ponen obligatoriamente a trabajar, a las voces de mando de sus cabos de vara; trabajan hasta las doce; a esa hora se les sirve el rancho y luego se les deja un par de horas entregados a la predicación de unos instructores *nazis*, que van poco a poco *reformándoles*; se tiene en estos campamentos el cuidado de alejar de los simples militantes políticos a sus jefes, prisioneros también, para que éstos no continúen sus propagandas ante los detenidos. A media tarde, los reclusos pasan a hacer gimnasia, es decir, la instrucción militar, y a las nueve de la noche suena el toque de silencio. La vida de estos reclusos es, pues, bastante activa; además de estas obligaciones comunes, cada uno tiene el deber de hacer su cama, lavar su ropa e ir a buscar su comida.

Nótese la absoluta semejanza que hay entre el régimen a que están sometidos sus prisioneros y el que existe en los campamentos de concentración de trabajadores voluntarios de que hablábamos días atrás. La única diferencia que hay —aparte de la relativa voluntariedad— es que al trabajador voluntario el Reich le da unos céntimos de jornal, y al preso se los cobra; si puede, claro es. Hace pocos días se ha dispuesto que todos los detenidos gubernativos que ingresan en las cárceles paguen un canon de un marco cincuenta diario. Es más: cuando se detiene a un ciudadano y se le conduce, aunque no sea más que por un par de horas, a una oficina de la Policía para prestar declaración, tiene el deber de pagar cuarenta *Pfennigs* por lo que los *nazis* llaman «derecho de asiento». Tener a tanta gente en la cárcel es caro, y Alemania no puede permitirse dispendios.

El gran inquisidor: el pueblo

La imaginación meridional tiende a representarse este terror policíaco melodramáticamente; es decir, a base de unas cuadrillas de carceleros criminales que, después de atormentar a sus víctimas con crueldades refinadas, les dan muerte en medio de horribles sufrimientos, para cumplir los designios de un tirano. Así se inventó aquella leyenda de la muerte de Thaelmann, que tan eficazmente sirvió a los *nazis* para desvirtuar las acusaciones que se les hacían. Me atrevería a afirmar que en ninguna cárcel alemana, ni en los campamentos de prisioneros, ni en las oficinas de la Policía, ocurren tales cosas. Es más: creo que no hay un solo funcionario del Reich capaz de responder a esta estampa clásica del esbirro.

En cambio, es difícil para nosotros imaginarnos la verdadera forma de persecución política que se está dando en Alemania. No se trata de unos ejecutores viles y asalariados que cumplen unas sentencias secretas; se trata de un formidable movimiento de odio popular desencadenado por las predicaciones de los líderes nacionalsocialistas que llevan a las masas a cometer verdaderos crímenes; el comunista o el judío no tienen que temer tanto a los polizontes como a sus propios vecinos del cuarto, a sus compañeros de trabajo, a los transeúntes, a toda esa masa popular que súbitamente ha descubierto en los marxistas y los judíos la causa de todas sus desdichas y se precipita sobre ellos dispuesta a despedazarlos.

Pensad por un momento que el 14 de abril la muchedumbre que vitoreaba a la República en el techo de los tranvías y las camionetas se hubiese acordado de que tenía que vengar muchas catástrofes nacionales en las personas de los monárquicos, y en vez de irse a estropear la Casa de Campo y después a trabajar humildemente, se hubiese consagrado con verdadero encono a buscar inquisitorialmente a los que ella creía culpables de las desdichas nacionales y a denunciarlos a la Policía o bien a tomarse la justicia por su mano. Imaginad que esta animosidad de la multitud, que aquí se deshizo como la espuma en veinticuatro horas, se hubiese encontrado alimentada y sostenida por una propaganda tenaz e inteligente, y se comprenderá que en estos momentos el marxista o el judío alemán tiemblen de pavor justificadamente, sin que sea realmente el Estado quien le amenaza. Es una caza implacable del hombre por el hombre; son los mismos vecinos de las casas los que delatan al judío o al comunista, los que le acechan por la noche y le acometen a palos y puñaladas hasta dejarle exánime; los que suben a su cuarto y destrozan su hogar. Son los mismos compañeros de trabajo los que plantean a la empresa la necesidad de dejar sin comer al que está contaminado de ideas políticas o sociales contrarias al racismo. Se ha dado el caso de declararse huelgas en varias casas importantes de Berlín porque la dirección se resistía a despedir a los judíos. Frente a esta coacción social, frente al odio de una mayoría dispuesta a destrozar a una minoría vencida, no hay lucha posible. Todos los adversarios del nacionalsocialismo han sucumbido. Después de unas semanas de angustia, ventean hoy como una esperanza de salvación el que se les consienta hacer abjuración de su fe pasada y el que se les deje tiempo suficiente para ponerse a contraer méritos a las órdenes del *Führer*. La presión de una masa de humanidad, lanzada en una dirección favorable a sus instintos de odio y venganza, es mucho más eficaz que todos los aparatos policíacos. Hitler mismo ha tenido que contener a sus gentes. Todos los días se dictan decretos a instrucciones recordando que sólo los agentes de Policía tienen derecho a practicar detenciones y sólo los jueces pueden decretar registros; que los actos arbitrarios de los *nazis* serán castigados con la cárcel; que las personas no deben ser molestadas, etc., etc. Como caso curioso, citaré que en los grandes almacenes Werthein, de Berlín, se presentaron los *nazis* reclamando que fuesen despedidos todos los empleados judíos; la dirección de los almacenes dijo que lo haría cuando trajesen una orden del Gobierno por escrito, y la orden no ha llegado aún. Finalmente, ante el gran número de «comisarios investidos de misiones especiales», que operaban sobre Alemania como sobre el país conquistado, Goering ha dispuesto que no habrá más *comisarios* que los que el Gobierno de Prusia nombre. Y así, tarde y mal, los jefes *nazis* van frenando las masas que ellos mismos lanzaron.

Los únicos enemigos

En pie, firmes en sus convicciones, no quedan en Alemania más que unos millares de obreros de la base, que no temen que los *nazis* vayan a quitarles su pedazo de pan porque lo ganan con tan penoso esfuerzo que no valía la pena hacer una gran revolución para botín tan exiguo como el jornal de un minero. Los líderes se han entregado ya al nacionalsocialismo, han huido al extranjero, se han suicidado, como el jefe de la fracción comunista de la Dieta bávara, o están en la cárcel, como Thaelmann, Torgler y tantos otros.

Los demás enemigos de Hitler andan por los caminos del Mundo con un petate a la espalda y una mandolina apretada contra el pecho, en busca de la Libertad que el pueblo germánico ha creído superflua.

(*Ahora*. Madrid, 27-5-1933)

«Adolfo I, emperador»

¡Pobres monárquicos alemanes! ¡Infelices partidarios del káiser Guillermo! ¡Tristes fieles de Hohenzollern!

¡Catorce años trabajando y gastando dinero para esto! Catorce años consagrados heroicamente al culto de la idea monárquica con la esperanza de ver desterrado de Doorn entrando triunfalmente por la Puerta de Brandenburgo, y, al fin y a la postre, esta mortal decepción. Alemania es monárquica; pero no habrá Hohenzollern; el pueblo alamán se ha convencido de que es incapaz de vivir sin rey, pero Guillermo seguirá, indefinidamente, cortando troncos en su retiro de Holanda; la República se ha hundido, pero la dinastía no se ha restaurado.

De nada ha servido la sagaz política de los monárquicos fieles a Guillermo, que durante catorce años han estado preparando esta resurrección triunfal de sus ideas que hoy debía ser su alegría y es su desesperación; de nada han valido todas aquellas concesiones a los políticos republicanos; de nada valieron todas las maniobras y todas las adulaciones; ni que el káiser mendigara a sus primos de Inglaterra; ni que el *Kronprinz* adulase a los magnates judíos en los campos de tenis para fabricarse una popularidad; ni que los príncipes de Hohenzollern se enrolasen, disciplinados y humildes, en las huestes monarquizantes de los *cascos de acero* o del nacionalsocialismo. De nada ha valido.

Alemania es hoy monárquica; el pueblo alemán se ha convencido de que la monarquía es consustancial para él y de que no sabe vivir sin rey. Y, ante esta necesidad, se ha fabricado un rey a su medida, a su imagen y semejanza; un rey que ha pasado hambre y ha sido obrero y sin trabajo y ha hecho la guerra en las trincheras, un rey con gabardina: Adolfo I, emperador.

Cómo se fabrica un emperador

¡Parece tan desmesurado! ¡Tan grotesco! Los alemanes no se atreven a plantearse el problema; creo que el mismo Hitler ni siquiera es capaz de ponerse a pensarlo; pero con un poco de imaginación, uno se figura a este «pintorcillo de puertas» —como le llamaba Stresemann— sintiendo que se le va la cabeza tras el vértigo del Imperio. ¿Por qué no? Adolfo Hitler será rey o no lo será; pero emperador lo es ya por derecho propio.

Todo hitleriano cree como en un dogma en el Imperio; la gran fuerza de Hitler ha sido la resurrección de los ideales imperialistas, latentes en el alma de los alemanes; el alemán, que en lo profundo de su alma es un ser libre, en sus relaciones con el Mundo lo fía todo a la imposición de la fuerza, al Estado, al Imperio; el alemán deja al príncipe el derecho recibido de Dios de manejar la espada y mandar; la República no rompió la armadura monárquica del Estado alemán. Durante catorce años, el alma alemana ha sido un alma en pena buscando el *Landvater*, al padre de la patria. Hitler ha sabido captar en su provecho esta disposición ancestral del alemán a la obediencia y ha reconstruido el Imperio. ¿Para qué?, ¿para ir a llevárselo en bandeja de plata a ese viejo Doorn? No; el pueblo alemán, consustancialmente monárquico, no quiere a Guillermo; cuando los reyes caen como cayó él, por debilidad de carácter, por pusilanimidad, por falta de hombría, no se rehabilitan jamás. El alemán, en ese pacto que hace espiritualmente con su príncipe, tiene como base de su ciega supeditación un concepto patriarcal y democrático de la existencia; cada cual cumple su deber; el emperador, mandando; el soldado, obedeciendo. Si el emperador no sabe su oficio, si deserta, el alemán no volverá a obedecerle. Guillermo demostró que era torpe y cobarde, que no sabía su oficio. Adolfo, en cambio, está haciendo unas brillantes oposiciones al cargo vacante.

Nosotros nos sonreímos irónicamente cuando pensamos que en estos días nuestros sea posible fabricar reyes e inventar dinastías. ¿Pero es que en Alemania no se está viviendo hoy en plena Edad Media? ¿Es que no fueron las concepciones medievales —las mismas que Hitler maneja hoy— las que fabricaron los reyes e inventaron las dinastías? En un país que viva una auténtica vida contemporánea, sería grotesco intentar la elaboración de un rey; pero cuando se trata de un país que vive espiritualmente en la Edad Media, la cosa es mucho más hacedera.

Adolfo Hitler, el «pintorcillo de puertas», actúa hoy en Alemania como un auténtico emperador de un imperio que está creando él mismo; es posible que nunca se haga llamar emperador, pero dependerá exclusivamente de su voluntad imperial.

¿Y Hindenburg? ¿Y von Papen? ¿Y los barones? ¿Y los magnates de la industria?

Hindenburg

Voy a comunicarles una noticia sensacional. Hindenburg, el viejo mariscal Hindenburg, presidente del Reich, ha fallecido; esto lo saben todos los berlineses, y si se lo callan es porque Hitler les ha dicho que conviene guardar el secreto.

Desde que apareció el decreto haciendo innecesaria la firma de Hindenburg para la promulgación de las leyes, todo el mundo está convencido de que no hay tal mariscal. Murió. Esto es evidente.

Los berlineses, para despistar, cuentan una serie de anécdotas pintorescas del glorioso soldado. Dicen que recientemente, en una revista de las tropas de asalto nacionalsocialistas, el mariscal se volvió con aire distraído a uno de sus ayudantes y le preguntó con el tono más natural: «¿Cuántos prisioneros rusos hemos hecho hoy?». Otros refieren que días atrás preguntaba: «¿Habrá retreta militar esta noche?». Y como le contestaran negativamente, movió entristecido la cabeza y dijo: «¡Qué lástima! Cuando hay retretas con antorchas, Adolfo me deja acostarme un poquito más tarde».

Pero en fin; haya muerto o esté así, lo cierto es que un día no lejano Alemania se vestirá de luto por su glorioso mariscal. Ese día, lo más lógico es que el canciller Hitler sea proclamado regente del Imperio. Y ya está.

Von Papen

Von Papen —y al decir von Papen decimos toda la aristocracia territorial de Alemania, todos los príncipes y todos los barones— no tenían ningún interés en que este tribuno de la plebe se convirtiese en el dueño absoluto de Alemania; en que, con títulos o sin títulos, personificase el Imperio. Y cuando Hindenburg le llamó para que combatiese a Hitler, von Papen le atacó de una manera elegante, como atacan los verdaderos señores: ofreciéndole carteras de ministro. Pero Hitler rechazó el ataque. «O todo, o nada», dijo, y se puso a esperar a que llegase su hora.

Ahora que ha llegado, Hitler manda a von Papen a Roma con misiones diplomáticas, como manda al ex *Kronprinz* a la sección de motoristas de una de sus tropas de asalto. Hay que reconocer al «pintorcillo de puertas» cierta discreción en esto de utilizar a los hombres para lo que verdaderamente pueden servir.

HUGENBERG

Hugenberg era un gran señor de la industria —la personificación de la fuerza ciclópea de la industria pesada alemana— cuando Hitler, licenciado del Ejército, enfermo de los ojos a causa de los gases y obrero sin trabajo, fue presentado por su amigo Feder en una tertulia de una *brasserie* de Munich donde se reunían siete amigos, tan menesterosos como él, a los que preocupaban los problemas políticos y sociales de su país; estos siete amigos fueron el origen del partido nacionalsocialista. Cuando Hitler andaba a trastazos con los marxistas muniqueses y por toda arma de combate tenía un periodiquín de escasa tirada, el omnipotente Hugenberg era dueño del más formidable *trust* de Prensa y cinematografía que se ha conocido en Europa, y todo lo que Hitler quería decir al pueblo alemán tenía que pasar por la censura de este hombre, cuyo ojo avizor gozaba el privilegio de ver los artículos y las películas antes que los demás alemanes.

Hoy, Hitler tiene en sus manos todos los periódicos y todas las pantallas de proyecciones del Imperio, y cuando el formidable Hugenberg quiere decir algo al pueblo alemán, tiene que pasarlo por la censura de aquel tipo audaz de la *brasserie* Das alte Roseband, de Munich. ¿Por qué? Porque Hugenberg, con toda su fuerza económica, con todo su gran talento de organizador, no llegó a tener algo importantísimo que tiene Hitler y que es lo que diferencia al líder del jefe: la fantasía; la capacidad imaginativa suficiente para crear algo, para infundir en las masas un aliento nuevo. Hitler ha podido decir al pueblo alemán, verdad o mentira: «El nacionalsocialismo no es un partido más, es una *Weltanschauung*, una concepción del Universo». Con esto, que bien puede ser un camelo, Hitler ha hecho un imperio, mientras Hugenberg, con toda su fuerza, no ha sabido más que hacerse odioso por su implacable servidumbre a los intereses capitalistas que le crearon y le dieron toda la fuerza. Hugenberg no cuenta hoy en Alemania y Hitler es el *Führer.*

Seldte

Los *cascos de acero,* que habían hecho a lo largo de catorce años una maniobra de gran estilo para ir minando la República, después de haberse declarado republicanos —el segundo golpe a esta maniobra se está ensayando ahora en España—, cuando tocaban ya con las manos el ansiado triunfo de la restauración, se han encontrado con este obstáculo insuperable: Hitler.

Al principio se enfadaron y se liaron a trastazos con los *nazis* en las calles. Pero los *nazis* son más ágiles y más jóvenes que los *cascos de acero*; se zurran con mucho mejor aire. No han tenido más remedio que pactar y someterse. Su jefe, Seldte, se ha convertido en un ministro más a las órdenes de Hitler, el futuro regente, el posible emperador.

Hablando con un jefe de los *cascos de acero*, me decía: «Hitler no es más que una etapa más; acaso larga; pero al final no hay más solución que los Hohenzollern». Creo que es una vaga ilusión. De momento, en las calles de Berlín no se vende una postal de Guillermo o de su hijo que no vaya acompañada de otra de Hitler; la bandera del Imperio se ha restablecido, pero los *nazis* le han cosido en el centro su cruz gamada; va a ser difícil quitarla.

Guillermo y los suyos han de aguardar pacientemente. La única esperanza que les queda es que Hitler es célibe y no parece que esté dispuesto a sacrificar su soltería por fundar una dinastía imperial.

La verdad, la verdad

A pesar de todo, no hay que despistarse; de verdad, de verdad, Hitler no era más que un pintor que no sabía pintar, un artista sin talento. Como no acertó a pintar un cuadro discreto, se tuvo que poner a construir un imperio, una *Weltanschauung*, como él dice. Será todo lo que quiera: líder, *Führer*, canciller regente, emperador; pero la verdad de su alma es que lo que él quería ser era pintor y no tuvo talento bastante para serlo. Si en vez de rechazarlo en la Academia de Pintura de Viena por malo y empujarlo a tener que pintar puertas para ganarse la vida le hubiesen comprado unos cuadritos y le hubiesen publicado unos sueltos encomiásticos en los periódicos, no hubiese habido tal Hitler. Esto, que parece casi una blasfemia, es perfectamente posible.

Cada vez se ve con más claridad que para esta faena de gobernar dictatorialmente los pueblos no son precisas unas dotes excepcionales. Los grandes conductores de los pueblos que nos llegaban a través de la Historia se nos antojaban seres casi sobrenaturales. Ahora resulta que no; que un señor con gabardina que no acierta a pintar un cuadro decorosamente, puede, merced a unas circunstancias providenciales, convertirse en uno de los seres señeros de la Humanidad; el mismo caso se ha repetido ya en Rusia, donde unos teorizantes mediocres han construido un formidable imperio, y en Italia, donde un periodista amanerado ha puesto en pie un país. Hay que pensar que las dictaduras favorecen el encumbramiento de las medianías, de los señores discretos con gabardina.

Lo que no está tan claro es que en un régimen liberal, democrático y parlamentario, donde todos los ciudadanos tienen sueltos los brazos y la lengua, esto sea tan fácil como en los regímenes dictatoriales. En este régimen —el que los españoles estamos ensayando ahora— parece que los periodistas fracasados y los pintores sin fortuna no tienen tantas posibilidades de convertirse en semidioses de la noche a la mañana.

Apéndice I. Entrevista a Goebbels

¿Habrá fascismo en España?

El lugarteniente de Hitler y actual ministro del gobierno alemán, doctor Goebbels, habla expresamente a los lectores de *Ahora*

«Tengo —dice— el convencimiento de que la transformación espiritual de Europa, expresada en el fascismo, el kemalismo y el nacionalsocialismo, será completa dentro de una o dos décadas. Cada pueblo deberá encontrar en la esencia de su propia personalidad nacional nuevas formas para dicho espíritu.»

He ofrecido hacerlo y lo cumplo. Cuando solicité una interviú con el doctor Goebbels, que es, a mi juicio, el tipo más interesante de la Nueva Alemania —incluyendo en esta subordinación de interés al propio Hitler—, me pusieron, naturalmente, algunas cortapisas. Ser ciudadano de la República española y periodista liberal no es hoy, para los gobernantes alemanes, una invitación a la confianza. Los españoles estamos haciendo exactamente lo contrario de lo que hacen los alemanes, y ya suponen ellos que no vamos a traicionar nuestras convicciones nacionales en beneficio de las suyas. El señor ministro de Propaganda —me dijeron— contestará a tres preguntas que usted le haga, pero, si no quiere correr el riesgo de ser desautorizado, estas tres preguntas y sus respuestas deben publicarse textualmente, sin comentarios ni interpretaciones; cada pregunta, con su respuesta, a renglón seguido. Nada más.

Así lo prometí y así lo cumplo. Permítaseme, sin embargo, decir a mis lectores quién es este doctor Goebbels.

***

Es un tipo ridículo, grotesco; con su gabardinita y su pata torcida, se ha pasado diez años siendo el hazmerreir de los periodistas liberales. Toda Alemania está llena de anécdotas pintorescas sobre este tipo estrafalario, al que —verdad o mentira— se le ha colgado todo aquello que puede hacer polvo a un hombre. Siendo, como es, el azote de los judíos, se ha dicho incluso que era judío, aunque, según parece, la única verdad es que su suegra llevaba un apellido israelita.

Pero Goebbels era un tipo enconado, duro, implacable, que todos los días, después de andar ajetreado en menesteres revolucionarios, se encerraba en la redacción del *Angriff*—el órgano en la Prensa del nacionalsocialismo— y dictaba a una mecanógrafa un artículo de fondo. Este artículo de fondo del *Angriff*, que Goebbels dictaba mientras iba y venía por la redacción arrastrando su pata coja, llegó a ser lo que todos los periodistas quisieran que fuesen sus artículos: un suceso, un verdadero suceso que se producía en la conciencia del lector cada vez que en el *Metro*, en el café, en la calle, donde fuese, alguien cogía el periódico y se ponía a leerle. Tenía esa misma facultad prodigiosa que en nuestro tiempo han tenido León Daudet, el reaccionario, y Trotski, el comunista. Goebbels escribía como hablaba: claro, sucinto, terminante. Hay en él la misma capacidad de sugestión y de dominio que en todos los grandes iluminados, en todos esos tipos nazarenoides de una sola idea encarnizada: Robespierre o Lenin. Lucirá mucho menos que Hitler en las paradas, pero es más certero. Creo que no se pone nunca la *camisa parda*, pero debajo de su gabardinita insignificante lleva la guerrera más ajustada de Alemania. Es de esa estirpe dura de los sectarios, de los hombres votados a un ideal con el cual fusilan a su padre si se les pone por delante. En España no ha habido así más que algunos curas carlistas, hace ya muchos años.

PREGUNTA.— ¿Cómo se propone el Ministerio de Propaganda contrarrestar la propaganda antialemana que puedan llevar a cabo en el extranjero los judíos emigrados de Alemania?

RESPUESTA.— Nos consta que los judíos emigrados al extranjero mantienen estrechas relaciones con los judíos en Alemania. A las organizaciones israelitas alemanas no ha de serles difícil, por consiguiente, lograr que sus hermanos de raza emigrados se abstengan de toda agitación y de toda injerencia en los asuntos internos de Alemania, con lo cual prestarán un servicio a los judíos que en Alemania residen. El boicot de defensa contra los judíos, puesto en práctica por nosotros hace algún tiempo, nos demostró que este género de presión era perfectamente posible. En adelante seguiremos manteniendo el principio de que los judíos residentes en Alemania tienen obligación de evitar que el país donde viven sea difamado.

PREGUNTA.— ¿Qué métodos de propaganda piensa emplear el ministerio fuera de las fronteras de Alemania?

RESPUESTA.— Nuestro método de propaganda en el extranjero será muy sencillo. No haremos ninguna propaganda. Nos limitaremos a procurar que la verdad sobre Alemania sea conocida en todo el mundo. Trataremos de explicar a los demás países lo que en realidad ha ocurrido en Alemania y los motivos que han dado lugar a que lo ocurrido pudiera ocurrir. Hemos podido comprobar que las ideas corrientes en el extranjero sobre la situación de Alemania y sobre las causas espirituales de la revolución alemana son en extremo confusas. Pero tenemos, por otra parte, el convencimiento de que para disipar estas confusiones bastará la difusión de la verdad. No tenemos la pretensión de influir sobre la opinión extranjera. Pedimos únicamente que para los juicios del extranjero sirva de base la verdad de lo que ocurre en Alemania.

PREGUNTA.— ¿Cree el señor ministro de Propaganda que la doctrina nacionalsocialista puede y debe encontrar un eco en los demás países?

RESPUESTA.— Puedo repetir, con referencia al nacionalsocialismo, las palabras de Mussolini, cuando dijo que el fascismo no era artículo de exportación. Tampoco lo es el nacionalsocialismo. Pero tengo, eso si, el convencimiento de que la transformación espiritual de Europa, expresada en el fascismo, el kemalismo y el nacionalsocialismo, será completa dentro de una o dos décadas. Cada pueblo deberá encontrar en la esencia de su propia personalidad nacional nuevas formas para dicho espíritu. Pero no cabe duda de que llevarán una ventaja los pueblos que se mueven ya ahora al impulso irresistible del sentimiento nacionalista.

(*Ahora.* Madrid, 21-5-1933)

Apéndice II. Promocional del reportaje

Cómo se vive en los países de régimen fascista

Sesenta millones de alemanes bajo el signo de la svástica y cuarenta millones de italianos bajo el fascio de los lictores

Mussolini e Hitler, los semidioses de nuestro tiempo

La próxima semana empezará a publicar *Ahora* un gran reportaje cuya finalidad es informar a los ciudadanos de la República española de cómo se vive en los países de Europa que están realizando una experiencia diametralmente opuesta a la nuestra: el fascismo.

Para ello, nuestro compañero Manuel Chaves Nogales, que desde hace dos meses viaja por Alemania e Italia como enviado especial de *Ahora*, empezará a publicar una serie de interesantísimos artículos en los que, con la mayor objetividad, irá contando cómo se desenvuelve la vida de los ciudadanos que deliberadamente o por imperio de la fuerza se hallan sometidos a la tutela del régimen fascista.

Chaves nogales, en su encuesta por las grandes ciudades, los pueblos y las aldeas de Alemania e Italia, ha procurado traer al público español una sensación directa, viva y, en cuanto es humanamente posible, imparcial de lo que es el fascismo en la vida cotidiana de los ciudadanos que hoy ponen su esperanza de salvación económica y moral en las virtudes milagrosas de la concepción fascista del Estado. La consolidación de este régimen en Italia al cabo de los años y su reciente explosión triunfal en Alemania, hace que en estos momentos se vuelvan hacia esos dos países las miradas curiosas de los ciudadanos españoles lanzados ahora a la conquista de un régimen sustancialmente opuesto al fascismo. ¿Quién tiene razón? ¿De quién es el provenir?

***

Ahora considera que en estos momentos ninguna preocupación nacional es tan intensa como ésta y ha creído oportuno realizar este gran reportaje. Los españoles que en estos momentos contemplan atónitos el panorama político de una Europa que marcha en dirección contraria a la que ellos han emprendido, encontrarán en estos artículos de Chaves Nogales una información de lo que es el movimiento fascista, veraz, directa, minuciosa y, lo que es más importante, tomada desde un punto de vista netamente español.

***

En la primera parte de este reportaje, Chaves Nogales describirá la situación del pueblo alemán, la organización y funcionamiento de las fuerzas de asalto y de defensa del hitlerismo después de haber conquistado el Poder, la metódica extirpación de los judíos, el encuadramiento militar de las masas de población, el renacimiento de los ideales imperiales, las posibilidades de la restauración monárquica y la radical estrangulación del comunismo y el socialismo; es decir, la formidable revolución que en estos momentos se está operando en los campos, los talleres, las fábricas, las grandes urbes y las aldeas de Alemania bajo el poder omnímodo de un hombre salido de la nada para convertirse en un semidiós: Adolfo Hitler.

(*Ahora.* Madrid, 7-5-1933)

Apéndice III. Conferencia en Sevilla

Sobre la conferencia del señor Chaves Nogales

Unas advertencias del conferenciante a modo de preliminares

Invitado por el Ateneo llegó ayer de Sevilla nuestro querido compañero Manuel Chaves Nogales, que dará mañana viernes 23, a las siete y media de la tarde, en el local de la Sociedad Económica una interesante conferencia sobre el tema «Cómo se acaba con una República.— Del comunismo ruso al fascismo alemán».

El señor Chaves Nogales, que estuvo hace algún tiempo en Rusia y recorrió detenidamente los diversos países de la Unión de Repúblicas Socialistas Soviéticas desde Leningrado hasta Bakú, estudiando a fondo la dictadura del proletariado, viene ahora de hacer un vasto recorrido por la Italia fascista y por toda Alemania, donde ha sido testigo presencial del triunfo de Hitler y de la instauración de la dictadura *nazi*. Esta visión directa de los regímenes dictatoriales da a su conferencia sobre «Cómo se acaba con una República» un interés extraordinario.

Hablándonos de lo que piensa decir en su conferencia, el señor Chaves Nogales nos anticipaba esta tarde en nuestra redacción lo siguiente:

—He creído que en estos momentos puede tener para Sevilla un gran interés aleccionador el saber cómo se provocan y cómo se desenvuelven los regímenes dictatoriales. El fascismo italiano y el nacionalsocialismo alemán aparecen en unas circunstancias análogas a las que en los últimos tiempos se han dado en Sevilla. Yo no creo que haya fascismo en Sevilla; pero indudablemente, un estado de opinión que puede hacerlo posible; la crítica situación social y económica por que atraviesa Sevilla, la actuación de los extremistas y la indisciplina social latente son, sin duda alguna, un clima favorable a las reacciones de tipo fascista. Quiero señalar sencillamente el paralelo que cabe establecer entre Munich, cuna de la dictadura *nazi*, y la Sevilla actual.

»De lo que pienso decir quizás se deduzcan algunas enseñanzas útiles para los sevillanos, que, empujados por estímulos nobles y necesidades auténticas, pueden verse arrastrados, sin haberlo meditado bastante, a una aventura de tipo dictatorial. Quiero decir, pues, para que llegue a la opinión sevillana, cómo nace el fascismo y cómo se viven en los países de régimen fascista.

»Por eso he aceptado gustosísimo la invitación del Ateneo de Sevilla. No voy a hacer una conferencia política en sentido de estimular el proselitismo hacia ningún partido político, sino a fijar y divulgar algunas ideas que en nuestra ciudad aparecen todavía demasiado confusas utilizando para ello una visión directa y personal lograda en mis recientes viajes por la Italia de Mussolini y la Alemania de Hitler.

»Creo que con ello hago un buen servicio a Sevilla.

(*El Liberal.* Sevilla, 23-6-1933)

Apéndice IV. Conferencia en Sevilla, 2

«Cómo se acaba con una República. Del comunismo ruso al fascismo alemán»

Conferencia del señor Chaves Nogales dada ayer tarde en el salón de actos de la Sociedad Económica

En la tarde de ayer, y en el salón de actos de la Sociedad Económica Sevillana de Amigos del País, que estaba totalmente ocupado, dio su anunciada conferencia, invitado a ella por el Ateneo, el joven e ilustre escritor y periodista don Manuel Chaves Nogales, quien desarrolló el tema: «Cómo se acaba con una República. Del comunismo ruso al fascismo alemán».

Presidió el señor Salvador Gallardo, presidente de la docta casa, acompañado en la mesa de honor por el diputado a Cortes don Miguel García y Bravo Ferrer y por el vicepresidente de la Asociación de la Prensa, don Antonio Márquez.

Comenzó el acto con unas palabras del señor Salvador Gallardo, quien quiso excusarse de hacer la presentación del conferenciante aduciendo la razón de sevillanismo del señor Chaves y el vigoroso relieve por él adquirido en el palenque de las letras.

Agradeció al auditorio su asistencia al acto y expresó la seguridad de que el conferenciante se mantendría alejado de todo partidismo en el curso de su disertación.

***

El señor Chaves Nogales, ovacionado largamente al disponerse a hablar, dio las gracias al presidente del Ateneo por su gentileza al ofrecerle la tribuna de la entidad, y explicó el objeto de su conferencia, que no era sino el de hablar en Sevilla de hechos sintomáticos ignorados aquí o sólo conocidos a través de una verdad a medias, sectaria.

Trátese de los dos hechos, de masa, más importantes que se registran en el mundo: el comunismo y el fascismo.

De un lado, el comunismo ruso, que no es conocido sino por lo que de él difunden sus propagandistas; de otro, una reacción violenta de las clases conservadoras: el fascismo.

El conferenciante ha venido a Sevilla a hablar de estas cosas porque aquí se ha formado un tipo excepcionalmente comprensivo, producto de una cultura y una civilización no superadas, que irradiaba sus destellos cuando el mundo se hallaba plenamente entregado a la barbarie.

En sus viajes a través de Rusia y Alemania tuvo siempre la preocupación de saber qué pensaría de estas cosas el hombre de Sevilla, ciudad que hoy ha cambiado su faz a fuerza de reiteradas violencias catastróficas.

Advierte el señor Chaves que no pretende arrastrar a nadie en dirección determinada ni ha venido con afán de proselitismo. Sencillamente a hacer una razonada exposición de los hechos.

Opina que la serenidad de Sevilla es imprescriptible, y que cesarán, al fin, de igual modo, las violencias de los extremistas de izquierda y la enconada hostilidad de los enemigos del actual régimen, que habrán de acomodarse a él necesariamente.

Entra de lleno en el tema de su conferencia y dice que ha conocido de cerca las dictaduras roja, negra y parda, y que es enemigo de todas ellas porque rebajan la dignidad del hombre.

En Rusia, las masas sublevadas crearon un Estado. Nada más lejos de la verdad que el pretendido caos. Rusia se desenvuelve en un régimen de perfecta organización, sin otro defecto que el de ser una dictadura. Una negación absoluta de la libertad, que los pequeños bolcheviques actuales no conocen y creerán descubrir cuando la consigan, pasado mucho tiempo.

Todas las dictaduras de hoy se ejercen con el pretexto de beneficiar al pueblo; pero es lo cierto que no dan ni más ni menos que esperanzas en la vida futura.

Los propagandistas de ellas reclaman al obrero al trabajo, dispuesto el ánimo a laborar por un mundo mejor, muy lejano. Así mantiénese la ilusión del régimen bolchevique.

Los planes quinquenales vienen a ser, en fin de

cuentas, condenas con que el pueblo ruso ganará el cielo algún día.

Las dictaduras aparte de su tara de falta de libertad, ofrecen como inconveniente gravísimo su incapacidad para la resolución de los problemas económicos.

Estima el señor Chaves que el movimiento de propaganda comunista en España tiene hoy una gran fuerza, porque arrastra una serie de cosas sentimentales, que son, en realidad, falsas y pegadizas; entre ellas, el socorro rojo, destinado a los presos de todos los países, a excepción de Rusia.

El comunismo ha tomado la forma que fatalmente había de tomar, de régimen dictatorial, ejercida esta dictadura por varios centenares de hombres de abajo y obedecida por varios millones de iluminados a quienes guía la fe.

Los rusos están convencidos ya de que la teoría de una revolución permanente y universal para destruir el capitalismo es de práctica imposible, y han hecho a su vez un capitalismo de Estado, cuyo sentido de fundación se va perdiendo a medida que gana en extensión su liturgia.

El comunismo es una conmoción universal que forzosamente hemos de sufrir y digerir, y que nos dejará en fondo comunistoide.

En España, sus clases más enemigas están un poco enquistadas de marxismo y materialismo histórico, y el comunismo aprovecha el movimiento de los resentidos.

En Sevilla hay una buena organización, orientada por dirigentes capaces; pero su labor no es comunista. Acaso la clase patronal crea ingenuamente que lo es.

A estos correligionarios les advertirían en Rusia que su humanitaria obra de pensiones a la vejez y mejoras análogas no es labor comunista, sino de pacificación, que las derechas, a quienes corresponde, no han sabido hacer.

Dice el conferenciante que el contragolpe del comunismo surgió en Italia, donde sucedió lo que en España. Allí gobernó Mussolini, como lo hizo en nuestro país un general, porque nadie le advirtió que no debía hacerlo.

En Alemania el hecho es de mayor gravedad. Allí se pasó por la experiencia comunista en forma que tal provocó una reacción conservadora de características más inclementes que en España.

El orador establece un paralelo entre la situación en que se hallaba Munich —punto de iniciación del fascismo alemán— y la actual Sevilla, ambas en desconcierto y confusión.

Aquel proletariado se apoderó indirectamente del gobierno en Baviera y se lanzó a la ejecución de su programa proletario, olvidando la existencia de unas fuerzas conservadores para las que lo esencial es no destruir.

El choque de ambas fuerzas duró muchos años. Hasta que surgió el hombre —Hitler—. Que dio esperanza a los patronos. Un hombre que procedía de la masa trabajadora, y que con siete amigos o compañeros fundó un partido obrerista contrario a las organizaciones del marxismo.

En pocos meses dispuso de un grupo de hombres decididos, asalariados, activos reventadores, a quienes pagaba la clase patronal.

Y no mucho más tarde disponía de 300 mil habitantes a sueldo; un verdadero ejército encargado de destruir las organizaciones netamente proletarias con dinero de la industria.

Acaso los patronos pudieran hallar un Hitler en cada pueblo de España; pero las circunstancias alemanas no podrían darse nunca en Sevilla. En Alemania había para este juego una razón que en Sevilla no existe.

Yo sólo he venido a advertir la posibilidad de que esto se intentara.

En Alemania existe un problema económico gravísimo y por él ha llegado el hombre a prescindir de la libertad y de la dignidad.

Cuando se ha hecho posible que estos hombres pasen por la humillación de ir a los cuarteles *nazis* a pedir el rancho, es que no les queda ninguna aventura que intentar.

Afirma el conferenciante que España en los actuales momentos es un oasis en el árido desierto mundial.

Uno llega a avergonzarse durante sus viajes por el extranjero, de que aquí se gane la vida con tan poco esfuerzo, ya que la crisis mundial nos ha de coger de rechazo.

Hoy los patronos y los obreros alemanes se cambiarían por españoles.

La situación de Alemania es tal, que se ha llegado a la convicción de que no hay otra fórmula de vida que el militarismo, y así, esperan el encadenamiento de una guerra. Alemania va positivamente a ella porque la aguarda como única solución de vida.

Cree el orador que antes de que se llegue a esta monstruosidad, surgirá una profunda descomposición social; pero la convicción de Alemania es la ya expuesta. Se le ha imbuido Hitler. Y no es que a los fascistas alemanes se les deba tener por esclavos; es que les guía la ilusión de una gran Alemania y su fe en que la raza aria está destinada por Dios para gobernar al mundo. Tal es el truco de Hitler, por el que ha llegado al fascio setenta millones de alemanes, que creen en él como los rusos en Stalin y los italianos en Mussolini.

El juego de la industria alemana para destruir el fascismo es peligroso.

Peligroso y caro. Quince millones fueron necesarios para los primeros trabajos de organización. Sirva ello de ejemplo a próceres que dieron mil pesetas para la defensa de la fenecida monarquía.

No obstante todo ello, en el fascismo alemán se advierte ya un fondo demagógico. Es que los *nazis* comienzan a llamarse a engaño.

Lo fundamental de las dictaduras es la esperanza en el porvenir. Así, el dictador se preocupa de los niños como si fueran del Estado para moldear su espíritu restándole la fe en la democracia.

Otra característica de las dictaduras es su postura frente a las mujeres.

Hitler ha limitado su actuación reservándoles la casa, la iglesia y la cocina y apartándolas por completo de la administración pública. Sostiene el dictador que las causas de paro no son otras que la competencia que la mujer hace la hombre. Sin embargo, no les garantiza la creación de un hogar a las que exceden en número del de posibles maridos.

Para el conferenciante, no afiliado a partido alguno, no hay en el mundo más que un régimen posible: el de la República democrática, tolerante y comprensiva.

En Sevilla —dice— la situación social, ciertamente difícil, acaso pudiera resolverse con un régimen excepcional, dentro de 48 horas: lo que no puede resolverse en este plazo es un problema económico.

Hay que tener fe en las virtudes de un régimen democrático que haga posibles el de la justicia social dentro de las dificultades económicas del mundo.

Lo único que podéis pedir —termina, dirigiéndose a determinados concurrentes— es un régimen en que podáis tener siempre lo que necesitéis, y cuando no todo, por lo menos el derecho de gritar como lo habéis hecho.

(Una ovación clamorosa y sostenida premió la disertación del señor Chaves Nogales, que fue objeto de iguales demostraciones de entusiasmo en varios momentos de su conferencia, y muy felicitado al concluir.

Durante ella, y con mayor insistencia al tratar el conferenciante del comunismo ruso, surgieron varias interrupciones hechas desde las localidades altas. Algunos de los interruptores hicieron alusión de los sucesos del Parque de María Luisa y de Casas Viejas e intentaron sostener controversia con el disertante, lo que impidió el señor Salvador Gallardo, pidiendo a los interruptores respeto para la tribuna del Ateneo.)

A la conferencia asistió el gobernador civil, señor Alonso Mallol.

(*El Liberal*. Sevilla, 24-6-1933)

Índice

CONCLUYÓ LA REIMPRESIÓN DE ESTA OBRA POR ENCARGO DE EDITORIAL ALMUZARA EL DÍA 1 DE FEBRERO DE 2026. TAL DÍA COMO ÉSE, EN 1851, FALLECE LA ESCRITORA BRITÁNICA MARY SHELLEY.